LK 3687

L.

A MONSEIGNEUR
L'ILLUSTRISSIME ET REVERENDISSIME
DOMINIQUE
DE LA ROCHEFOUCAULD,

Archevêque de Rouen, Primat de Normandie, Abbé & Supérieur Général de l'Ordre de Cluny.

ONSEIGNEUR,

S'il est satisfaisant de faire paroître un Livre avec l'appui d'un nom illustre, il est encore plus beau de le publier sous les auspices de la vertu. Mais la société de celle-ci avec la grandeur, n'est pas toujours aussi commune qu'elle est désirable, & l'humilité qui la maintient dans ceux qui la cultivent, en dérobe souvent le discernement au Public. J'ai le bonheur de trouver aujourd'hui, MONSEIGNEUR, dans votre personne, le double avantage que j'expose. Vous portez un de ces noms que connoissent tous les François, & que l'on aime à prononcer, parce qu'ils rappellent en même-tems le souvenir des grandes familles & des grands hommes. Mais, ce qui est bien plus important, vous possédez des vertus qui sont essentiellement la véritable Noblesse, & sans lesquelles tous les titres dont on se pare, ne sont que l'ombre de la grandeur. Regularité parfaite, vigilance, liberalité, aspect aimable, douceur dans la

HISTOIRE,
ANTIQUITÉS,
ET DESCRIPTION
DE LA VILLE ET DU PORT
DU HAVRE DE GRACE,

Avec un Traité de son Commerce,
& une notice des lieux circonvoisins
de cette Place.

Par M. *l'Abbé* PLEUVRI.

Seconde édition, revuë, corrigée & augmentée.

A PARIS;
Chez DUFOUR, Libraire, rue de la Vieille
Draperie, près le Palais,
au Bon Pasteur.

M. DCC. LXIX.
Avec Approbation & Privilége du Roi.

Epitre.

conduite & dans les manieres ; voilà les qualités qui vous rendent précieux à ce grand Diocèse également célebre par la science & par la piété de ses Ministres. Avant qu'il eût le bonheur de vous posséder, il vous connoissoit par des traits d'humanité & de charité chrétienne digne des tems apostoliques : il vous désiroit même, parce qu'il étoit sûr d'avoir un pere dans un Pasteur. Il vous a obtenu, & il a la satisfaction de voir que vous soutenez la réputation de vos vertus, non-seulement parce que votre rang vous en impose l'obligation, mais encore parce que c'est votre cœur qui vous les suggere. Que pouvois-je donc faire de plus conforme à mon état, & au vœu de la Ville du Havre qui vous a vû & vous a admiré, que de mettre aujourd'hui son Histoire sous la protection de son Pasteur ? J'y trouve l'avantage de répondre aux défirs de mes Concitoyens, & celui de contenter mon inclination particuliere, en vous répétant que je fuis avec le plus profond refpect,

MONSEIGNEUR,

De votre Grandeur,

Le très-humble & très-obéiffant Serviteur PLEUVRI, Prêtre du Diocèfe de Rouen.

PERMISSION DU ROY.

LOUIS, par la grace de Dieu, Roi de France & de Navarre: A nos amés & féaux Conseillers, Gens tenans nos Cours de Parlement, Maîtres des Requêtes ordinaires de notre Hôtel, Grand Conseil, Prévôt de Paris, Baillifs, Sénéchaux, leurs Lieutenans Civils, & autres nos Justiciers qu'il appartiendra. SALUT: Notre amé Sieur Abbé PLEUVRI, Nous a fait exposer qu'il désireroit faire imprimer & donner au Public un Ouvrage intitulé: *Histoire, Antiquités & Description de la Ville & du Port du Havre de Grace*, par M. l'Abbé Pleuvri, s'il nous plaisoit lui accorder nos Lettres de Permission pour ce nécessaires. A CES CAUSES, voulant favorablement traiter l'Exposant, Nous lui avons permis & permettons par ces Présentes, de faire imprimer ledit Ouvrage autant de fois que bon lui semblera, & de le faire vendre & débiter par tout notre Royaume pendant le tems de trois années consécutives, à compter du jour de la date des Présentes. FAISONS défenses à tous Imprimeurs, Libraires & autres personnes, de quelque qualité & condition qu'elles soient, d'en introduire d'impression étrangere dans aucun lieu de notre obéissance: A LA CHARGE que ces Présentes seront enregistrées tout au long sur le Registre de la Communauté des Imprimeurs & Libraires de Paris, dans trois mois de la date d'icelles, que l'impression dudit Ouvrage sera faite dans notre Royaume, & non ailleurs, en beau papier & beaux caracteres; que l'Impétrant se conformera en tout aux Réglemens de la Librairie, & notamment à celui du 10 Avril 1725, à peine de déchéance de la présente Permission ; qu'avant de l'exposer en vente, le Manuscrit qui aura servi de copie à l'impression dudit Ouvrage, sera remis dans le même état où l'Approbation y aura été donnée, ès mains de notre très-cher & féal Chevalier, Chancelier Garde des Sceaux de France, le Sieur DE MAUPEOU; qu'il en sera ensuite remis deux Exemplaires dans notre Bibliotheque publique, un dans celle de nôtre Château du Louvre, & un dans celle dudit Sieur DE MAUPEOU; le tout à peine de nullité des Présentes : DU CONTENU desquelles Vous mandons & enjoignons de faire jouir ledit Exposant & ses ayans causes, pleinement & paisiblement, sans souffrir qu'il leur soit fait aucun trouble ou empêchement. VOULONS qu'à la copie des Présentes, qui sera imprimée tout au long au commencement ou à la fin dudit Ouvrage, foi soit ajoutée comme à l'Original. COMMANDONS au premier notre Huissier ou Sergent sur ce requis, de faire pour l'exécution d'icelles tous actes requis & nécessaires, sans demander autre permission, & nonobstant clameur de haro, charte Normande, & Lettres à ce contraires : Car tel est notre plaisir. DONNÉ à Paris le douziéme jour du mois d'Avril l'an mil sept cent soixante-neuf, & de notre Regne le cinquante-quatriéme. Par le Roi, en son Conseil.

LEBIGUE, *avec paraphe.*

Registré sur le Registre XVII. de la Chambre Royale & Syndicale des Libraires & Imprimeurs de Paris, N°. 560. fol. 679, conformément au Réglement de 1723, qui fait défenses, art. 41, à toutes personnes, de quelque qualité & condition qu'elles soient, autres que les Libraires & Imprimeurs, de vendre, débiter, faire afficher aucuns Livres pour les vendre en leurs noms, soit qu'ils s'en disent les Auteurs ou autrement, & à la charge de fournir à la susdite Chambre neuf exemplaires prescrits par l'art. 108 du même Réglement. A Paris ce 19 May 1769.

Signé, KNAPEN, *Adjoint.*

TABLE DES ARTICLES
Contenus en cet Ouvrage.

ART. I. Dissertation préliminaire sur l'état de la Vallée du Havre avant la fondation de cette Ville. pag. 1
II. Fondation du Havre de Grace. 25
III. François I. donne son nom à la Ville du Havre. 30
IV. Le Havre est inondé. 32
V. On continue de bâtir la Ville. 33
VI. Eglises du Havre. 34
VII. Donations de François I. 35
VIII. Fermes publiques. 36
IX. Navire appellé la grande Françoise. 41
X. Précautions contre les Flamans. 46
XI. Le Roi d'Ecosse arrive au Havre. 48
XII. Le Roi saisit en sa main le territoire de la Ville du Havre. 49
XIII. On équipe une grande flotte au Havre de Grace. 53
XIV. La flotte arrive devant l'Angleterre. 56
XV. Henri II. 59
XVI. Le Roi vient au Havre avec la Reine. 60
XVII. La Reine d'Ecosse arrive au Havre. 62
XVIII. Jurisdictions du Havre de Grace. 63
XIX. Officiers de la Ville du Havre. 66
XX. Dénombrement des Fieffes. 70

TABLE

XXI. Diminution de la Ville du Havre. 72
XXII. Vaisseaux dans le port du Havre. 74
XXIII. Ecluses. 75
XXIV. Fontaines. ibid.
XXV. Fortifications. 76
XXVI. Eglise de Saint François. 77
XXVII. François II. 79
XXVIII. Vaisseaux mandés au Havre de Grace. ibid.
XXIX. Charles IX. 81
XXX. Les Huguenots occupent le Havre & le pillent. 82
XXXI. Les Anglois arrivent au Havre. 83
XXXII. Siége du Havre. 90
XXXIII. Reddition du Havre de Grace. 98
XXXIV. Citadelle du Havre. 105
XXXV. Entrée du Roi dans la Ville de Roüen. 108
XXXVI. Nouvelle conspiration des Huguenots contre le Havre. 110
XXXVII. Henri III. 112
XXXVIII. Naufrage du Passager. 113
XXXIX. Henri III. vient au Havre de Grace. 114
XL. Procès pour le Patronage des Eglises. 121
XLI. Le Roi veut enlever le Havre de Grace à la Ligue. 125
XLII. Henri IV. 126
XLIII. Fondation des Capucins. 127
XLIV. Majesté du Service Divin au Havre de Grace. 128

DES ARTICLES.

XLV. Le Havre de Grace rendu à son Souverain. 129
XLVI. Mort tragique des trois Raulins. 131
XLVII. Henri IV. vient voir la Ville du Havre. 134
XLVIII. Louis XIII. Porte du Perré. 135
XLIX. Monastere de Religieuses. 137
L. Notre-Dame des Neiges. 138
LI. Fonderie Royale. 142
LII. Le Cardinal de Richelieu Gouverneur du Havre, fait bâtir la Citadelle, &c. ibid.
LIII. L'Eglise de Notre-Dame est achevée. 146
LIV. Louis XIV. 149
LV. Prison des Princes dans la Citadelle du Havre. 151
LVI. Complot de sept Soldats découvert. 152
LVII. Communauté de Prêtres. 154
LVIII. Voyage de Madame au H. de Grace. 156
LIX. Les Pénitens s'établissent au Havre. 157
LX. Le Havre est érigé en gouvernement de Province. 158
LXI. Différens ouvrages. 160
LXII. Hôpital général. 164
LXIII. Compagnie des Indes : Son établissement au Havre, & son départ. 168
LXIV. Différens ouvrages. 173
LXV. Bombardement du Havre de Grace. 178
LXVI. Louis XV. le Bien-aimé. 189
LXVII. Fêtes publiques pour la naissance de Monseigneur le Dauphin. 190

TABLE DES ARTICLES.

LXVIII. *Voyage du Roi au Hav. de Grace.* 196
LXIX. *Second bombardement du Havre de Grace,* 200
LXX. *Personnes célèbres de la Ville du Havre.* 207
LXXI. *Commerce maritime du Hav. de Grace. Avantages de ce port.* 228
LXXII. *Ancien commerce.* 231
LXXIII. *Nouveau commerce.* 233
LXXIV. *Abord des Navires de toutes les mers dans le port du Havre.* 239
LXXV. *Description de la Ville du Havre, de son port, de ses fortifications & de sa citadelle.* 246
LXXVI. *Les environs de la Ville du Havre.* 285
LXXVII. *Ingouville.* ibid.
LXXVIII. *La Chapelle de S. Roch.* 288
LXXIX. *Le Chantier.* ibid.
LXXX. *Les Corderies & Tuileries.* 289
LXXXI. *Banc pétrifié auprès du Havre.* 290
LXXXII. *Leure.* 291
LXXXIII. *Chapelle de Sainte Marguerite.* 292
LXXXIV. *Graville.* 293
LXXXV. *Hospice des Neiges.* 302
LXXXVI. *Le Hoc.* 305
LXXXVII. *Harfleur.* 307
LXXXVIII. *Honfleur.* 310

PREFACE
ou
DISCOURS
Sur l'Histoire du Havre de Grace.

I.

SI l'Histoire est intéressante pour la Société, c'est principalement celle des pays qui nous sont connus, & avec lesquels nous avons commerce. Ce n'est pas assez qu'une narration soit agéable, & que le vrai qu'elle énonce, puisse être utile ; il faut que son utilité se rapporte à nos usages. A cet égard l'Histoire de son propre pays doit être préferée : on ne la doit pas négliger, parce qu'elle est voisine ; elle fra-

PREFACE.

pera autant que les plus éloignées, parce qu'elle est inconnue. Ce n'est pas à dire qu'il faille abandonner les Histoires anciennes ou étrangeres. Il est nécessaire qu'il se trouve des Savans qui ayent la capacité & la patience de rechercher, de discuter, & de produire avec méthode les évenemens passés ou nouveaux des lieux que nous n'habitons point. Ce service des Savans nous est très-profitable, & il faut prendre de leur travail plus ou moins de connoissance, selon que nos besoins, notre état, nos emplois semblent l'exiger. Mais cette étude si louable, si utile, selon les circonstances, n'est pas nécessaire à tout le monde, au lieu que celle des évenemens du propre pays nous touche personnellement, par la part que nos peres y ont eue, & par l'influence qu'ils ont quelquefois sur nos affaires domestiques.

PREFACE.

Au reste, il ne faut pas s'imaginer que le plaisir abandonne l'utilité que j'assigne : les grands évenemens ne sont pas servilement attachés aux tems ou aux lieux : on trouve partout des choses curieuses, & souvent ce qu'on méprise, découvre de grands objets qui méritent qu'on s'en occupe. Il est convenable de savoir quel est le pays où l'on a pris naissance, ce qu'il est, ce qu'il fut d'abord, comment il s'est accru, comment quelquefois il est tombé de sa premiere réputation, les services qu'il a rendus à l'Etat, ou ceux qu'il peut rendre. Mais si l'on ne peut lire, sans quelque sentiment de plaisir, on en trouvera infailliblement dans quelque partie de l'Histoire, & même dans toutes, si celui qui la traite, a de la solidité dans l'esprit, de la justesse & de la précision dans le stile.

A l'égard de notre ouvrage, le

plaisir que nous promettons, peut se tirer du fond même de la chose qui ne laisse pas d'être importante. En effet, qu'est-ce qui attire? qu'est-ce qui attache dans ces sortes d'écrits? Des guerres & des siéges, des armées & des flottes, un commerce formé & bien soutenu, quelque soulevement, les voyages d'un Prince & même du Souverain? Veut-on y joindre les objets d'une autre espece, comme les fêtes, les réjouissances, la fondation des églises, les édifices publics, & (ce qui peut tenir rang avec les principales choses) la vie des grands Hommes & leurs différens travaux? Je ne crains point d'avancer que tout cela se trouve dans l'Histoire du Havre, & que cette Ville, quoiqu'assez moderne, offre des objets très-intéressans, non-seulement pour ceux de la Province, mais encore pour tous les autres.

PREFACE.

Et pour en donner ici quelque idée, s'agit-il de sa fondation ; la nature la prépare de loin comme d'elle-même. Elle attire, par le moyen des eaux de la Seine & par celui des eaux de la mer, la matiere d'un grand banc. Elle le fixe au côté du nord de l'embouchure de la riviere par un heureux hasard dans une charmante situation. Il est longtems inondé de la mer, mais ses inondations le favorisent en lui apportant de jour en jour des materiaux pour s'accroître & pour s'arrêter. Enfin il se soutient, il se découvre, mais il retient toujours dans un milieu plus foible un large canal qui devoit être l'origine du port.

Il n'y avoit alors en France aucun Havre qui fût digne d'attention, c'est-à-dire, qui eût par les travaux de l'art toutes les commodités convenables pour servir aux vaisseaux de retraite assurée, François I. dans sa premiere charte aux Habitans du Havre de Grace, l'atteste positivement, & il est aisé d'en faire la preuve. Il y avoit fort peu de tems que la Bretagne & la Provence étoient unies à la Couronne, & le canal de Brest admirable de sa nature, n'avoit point les magasins & les autres choses nécessaires à la Marine. Dans la méditerranée Toulon manquoit également de magasins, de fortifications, de redoutes pour assurer les rades. D'autre côté, le port de Brouage se remplissoit à chaque instant, & on ne pouvoit guéres entretenir à Calais que d'assez petites galeres. Dunkerque devint entre les mains des Espagnols un arsenal d'importance, après que les Hollandois eurent ruiné celui d'Anvers où l'Escaut formoit un port admirable : mais nous ne l'avons possedé que sous Louis XIV. & tout le monde connoît le sort de cette place fameuse. Le Port Louis & Rochefort n'ont été bâtis, le premier, que sous Louis XIII. & le second que sous Louis XIV ; ainsi le Fondateur du Havre avoit raison de se plaindre que ce puissant royaume n'eût point seulement un port net, en état de contenir & de mettre à couvert ses vaisseaux & ceux de ses Alliés. Il fit donc travailler avec ardeur au Havre de Grace, non-seulement pour en faire le lieu où l'on pût équiper ses flottes, mais encore pour y établir un commerce qu'il prétendoit étendre fort loin. J'en ai marqué le commencement, le progrès, & les vicissitudes. Jusqu'à Louis XIII. on ne connoissoit de port pour les vaisseaux du Roi que le Havre de Grace, il étoit gouverné par les Amiraux, & c'étoit dans cet arsenal que l'on armoit toutes les flottes. Nos Rois par une visite en prenoient, pour ainsi dire, possession, comme du seul arsenal de la Marine de France, ils y menoient la Cour; & les Princes étrangers en venoient voir les fortifications que l'on vantoit dans l'Europe.

II.

A ces raisons importantes d'avoir en général un bon port pour la marine & le commerce, se joignoit une autre raison encore d'un plus grand poids; c'étoit la nécessité de construire ce port à la côte de Normandie pour mettre en sûreté le cours de la Seine jusqu'à Paris, & couvrir ainsi la Province de Normandie exposée continuellement à l'invasion des peuples voisins. Cette belle province au 9e. siécle, étoit tombée sous la puissance des Danois, dont elle avoit acquis le

PREFACE.

nom de Normandie pour celui de Neuſtrie, qu'elle portoit auparavant. Long-tems après elle parut également digne d'envie aux habitans de la grande Bretagne. Comme elle frape leurs regards au midi de la Manche qui la ſépare de leurs côtes, elle eſt, pour ainſi dire, à leur bienſéance, & ils en connoiſſoient dès-lors tout le prix & la fertilité. Enhardis par les diviſions de la France, ils y firent des courſes, l'inquiéterent, la ravagerent, & enfin s'en rendirent les maîtres. Pour ſe fortifier ſur ce rivage, ils bâtirent des forts au-deſſus du village de Leure, & ſe renfermerent dans le port de Harfleur qui étoit alors le meilleur aſile des navires de France. Après plus de trente ans d'uſurpation de la part des Anglois, nos Rois en état de reprendre cette province, s'apperçoivent que Harfleur commence à tomber,

PREFACE.

Les bas-fonds se remplissent devant cette place par les bancs qui s'y forment, & les eaux s'éloignent, laissant vuides deux grands bassins dont le port étoit composé. On avoit besoin d'une autre barriere contre les courses des Anglois. On bâtit pour cet effet deux lieues plus bas à l'embouchure de la Seine le Havre de Grace que l'on fortifia d'une façon remarquable pour le tems, & dont les flottes figurerent souvent avec celles d'Angleterre.

III.

Cette situation toujours importante excita les Hérétiques du 16e siécle à tourner leurs vûes de ce côté-là. Ils envoyerent des députés à la Reine d'Angleterre qui leur promit des hommes & de l'argent. Mais la condition de ce traité fut qu'ils livreroient à cette Princesse une frontiere qui sera toujours re-

PRÉFACE.

cherchée par les Anglois. Les séditieux la livrerent à ce peuple qui y établit sa domination. Enfin on fit la paix avec les Protestans; mais elle n'effaçoit point le plus grand mal de leur révolte. Le Havre au pouvoir des Anglois favorisoit toûjours de nouveaux brigandages, il tenoit enchaîné le canal de la Seine, & par les munitions extraordinaires dont il étoit pourvû, & que l'on pouvoit augmenter par le secours de l'Angleterre, il pouvoit troubler le repos de la France. On y conduisit l'armée royale, on y engagea même les Protestans & le Prince de Condé. Après un siége très célébre on reprit la ville, on rendit à la Seine sa liberté, & l'on en fit à Rouen des réjouissances publiques en présence de Charles IX.

IV.

Le commerce est encore un grand objet dans l'histoire du Havre. Ce fut une des principales vûes de François I. dans son établissement, & le succès a bien rempli ses espérances. La pêche de la baleine, celle de la moruë, & la traite du Canada, furent les premiers articles de son négoce. On y employoit plus de 120 vaisseaux. La Compagnie Royale des Indes a donné long-tems de l'activité au commerce du Havre; mais c'est aujourd'hui celui des isles de l'Amérique, que l'on y cultive avec le plus d'ardeur & de succès. Le concours des vaisseaux étrangers de toutes les mers, y est prodigieux; il est comme le terme de tous les voyages, de maniere que comme il est un des ports les plus fréquentés du royaume, il est par

PREFACE

conséquent un des lieux du plus grand négoce maritime. J'entre dans le détail des marchandises, des conditions, des échanges, des lieux où l'on va, & d'où l'on vient, & de tout ce qui peut appartenir à ce commerce. Voilà quelque craïon de la nature des choses ; parlons à présent de la maniere dont j'exécute cette entreprise.

V.

L'Auteur de la description géographique & historique de la haute Normandie, fait un article du Havre de Grace, où il rapporte plusieurs faits destinés à le faire connoître. Mais ces faits sont subordonnés à l'ordre de la description, ce qui les mêle & les dérange ; & quoiqu'en général cet Auteur soit savant, il y a dans cet article grand nombre de fautes qu'il seroit ennuyeux de détailler. Il y a

PRÉFACE.

quelques années qu'un Négociant du Havre, associé de l'Académie de Rouen, (M. du Bocage) fit imprimer un mémoire sur la navigation & le commerce de ce port. On appelleroit volontiers ce traité, le parfait Négociant, tant il donne de connoissance sur cet article ; on y souhaiteroit seulement un peu plus d'ordre & de précision ; il en eût été plus clair & plus utile. Le premier chapitre de ce traité fait connoître plusieurs évenemens de l'Histoire du Havre ; il y a aussi quelques fautes que nous avons relevées dans le cours de cet ouvrage. Mais j'ai averti que comme je relevois sans malignité les erreurs que j'appercevois dans les autres, je recevrois aussi sans chagrin les avis qu'on me donneroit pour corriger celles où je pourrois tomber.

Ce mémoire ne m'a donc point

empêché de publier mon ouvrage, 1°. parce que ce chapitre ne contient que 35 pag. petit *in-12.* gros caractere; ce qui n'est rien moins que l'histoire du Havre, comme l'Auteur en convient : 2°. parce que mon ouvrage étoit composé bien avant ce mémoire de M. du Bocage, qui m'avoit prié de lui communiquer mon manuscrit, qu'il a eu entre ses mains plus de six semaines. Je ne soupçonnois pas alors qu'il eût intention de rien faire imprimer sur l'article du Havre. Cependant quel que soit l'usage qu'il ait fait de mon cahier, il ne s'est pas rendu à ce que je dis de la méprise du Pere Daniel, sur l'antiquité du Havre. Il parut à ce Négociant, ainsi qu'à d'autres personnes de cette ville, qu'un jeune homme de 20 ans ne devoit point entreprendre de réformer un Historien célébre; &

sans vouloir goûter mes raisons, sans pourtant les combattre formellement, il a réimprimé la même erreur dans son mémoire. Cependant, les savans connoissent qu'il n'y a point d'authorité qui puisse tenir contre l'évidence, quand elle est dévoilée, quelque soit l'âge de celui qui la trouve. Le Pere Griffet Jésuite, qui travailloit à donner une nouvelle édition de l'ouvrage de son Confrere, quand j'arrivai à Paris, quoiqu'il fût bien plus intéressé que M. du Bocage à défendre le Pere Daniel, jugea tout autrement de ma dissertation, il me combla d'éloges, m'invita à travailler encore sur cet Auteur, & enfin il a imprimé mot pour mot cette dissertation dans les remarques qu'il ajoute à la fin des volumes, pour orner ou pour corriger le P. Daniel. On peut la lire sous le titre de la ville de Harfleur;

fleur ; & quoiqu'il ne me nomme point, ce que je ne dis pas pour m'en plaindre, mes amis sçavent que ce sont mes raisons qu'il a reçues au refus de mes compatriotes. Il a aussi produit au même endroit le dénouement que je donne à l'origine du mot de Grace, qu'on ajoute ordinairement au port de cette ville.

Des occupations plus sérieuses & plus du genre de mon état, m'avoient fait abandonner pendant longtems l'histoire des antiquités du Havre (*a*) ; je ne comptois pas même y revenir ; quand la délicatesse de ma santé m'ayant obligé de faire ma retraite, j'ai repris ce travail, que j'ai tâché de rendre utile. Ainsi, je n'ai point voulu dépouiller mon récit de toute espece de réflexion ; il y auroit, sans

(*a*) J'espere donner un jour au Public les Sermons que j'ai prêchés à Paris.

doute; trop de sécheresse dans la continuité de certains faits qui n'intéresseront pas tous les Lecteurs, & qu'il faut me pardonner, parce qu'ils sont agréables & comme nécessaires à ceux du pays; mais j'ai resserré les discussions qu'il a fallu faire, n'expliquant les difficultés, & ne critiquant les Auteurs qui me sont contraires, qu'autant qu'il est à propos pour la perfection de cet écrit.

Nous avons dans les mémoires qui nous sont restés de la fondation de la Ville, l'époque certaine de cette fondation; mais il ne m'a pas été facile d'en déterminer la premiere forme sur ces mémoires qui ont négligé cette partie de l'histoire du Havre, qui ont omis des choses essentielles à cet égard, ou qui n'ont fait que les insinuer d'une façon obscure; desorte que j'ai été obligé de consulter les monumens qui subsistent ou qui ont été ruinés, de notre connoissance; & par de très anciens plans que j'ai découverts, où toutes les lignes de ce terrein sont visiblement marquées, j'ai entrevu l'état primitif du rivage de la Seine, & joignant à cela le secours des premieres chartes & celui des traditions non écrites, j'ai débrouillé cette narration, & marqué le plus exactement qu'il m'a été possible ce qui pique le plus la curiosité, comme la premiere enceinte, l'augmentation ou le changement des anciens ouvrages, la situation & le cours de la fameuse crique au milieu de ces marais. A l'égard des tems postérieurs, j'ai suivi pour le fond, des relations particulieres qui se sont conservées dans cette Ville, observant d'écarter les minuties & les choses douteuses, pour ne rapporter que ce qui est constant & digne d'être lû. Je ferai voir comment s'est formée, & comment s'est accrue cette vallée du Havre, qui faisoit partie autrefois du lit de la riviere: comment elle s'est affermie au point de recevoir différentes habitations, jusqu'à ce qu'elle soit devenue, comme elle est aujourd'hui, très-fertile & très-agréable. Enfin, je n'oublierai pas un des plus grands titres d'honneur qui puisse avoir une Ville, & qui excite parmi ses habitans une plus noble émulation, celui d'avoir donné la naissance à des personnes illustres par leurs talens & leur mérite. Et comme l'histoire du Havre tient à l'histoire générale par bien des faits importans, je les mêlerai ensemble, autant qu'il faudra, pour éclaircir & soutenir l'une par l'autre. Tout l'ouvrage sera terminé par une description de la Ville & des environs, qui pourra faire plaisir à ceux qui aiment les voyages, & qui rendra le plus au naturel, qu'il sera possible, les objets qu'il faudra peindre.

Cependant j'ai eu soin d'exclure aussi ces longs détails qui font l'analyse complette, & pour ainsi dire, l'anatomie des lieux: ces explications peuvent convenir à un Dictionnaire dont la prolixité multiplie les volumes. Mais elles deviendroient fastidieuses dans un ouvrage particulier, où ceux du pays qui ont les objets devant les yeux, recherchent plutôt les événemens passés qu'ils ignorent, & qu'on ne trouve pas dans les Dictionnaires.

Voilà du premier coup d'œil toute la marche de mon travail. Quoique le Havre ne soit encore que dans son troisième siécle, j'ai regardé cette antiquité comme suffisante pour donner droit d'en faire l'histoire; d'autant plus que l'on mêle déja de l'obscurité dans son origine, & qu'on lui dispute son Fondateur; outre qu'on n'a pas bien connu jusqu'alors l'étymologie de son nom, qui pourtant est fort claire. Quand il se seroit écoulé moins de tems depuis sa fondation, il n'en seroit pas moins convenable d'en faire le récit, pour fixer les époques, & regler les jugemens de la postérité. Faute de cette précaution, l'origine de la plûpart des Villes est inconnue, & livrée aux caprices de l'imagination des Auteurs qui la couvrent de fables, & y mettent la confusion, au lieu de l'éclaircir & de la débarrasser des vaines conjectures. Il est très-utile encore de faire l'histoire d'un établissement même nouveau, pour prévenir les inconvéniens de la suite des âges, pour assûrer les titres, conserver la connoissance &

PRÉFACE.

la possession des privileges. Ajoutez que par les histoires des Villes s'amasse un fonds plus riche & plus certain pour le corps de l'histoire d'un royaume, qui devient par-là plus facile & plus curieuse. Au reste, nous avons en particulier les histoires de plusieurs Villes, & ce qui concerne la marine excite toujours le Lecteur avide de plaisir & d'utilité. Il ne s'agit que de choisir les faits, les préparer, les amener avec ordre, & les soutenir par la force & la grace de la diction. Alors les histoires particulieres ne seront pas seulement à l'égard de l'Histoire générale, comme les ombres d'un tableau, pour mieux détacher les jours & les objets qui doivent être plus frapans ; mais elles pourront offrir quelques-unes des beautés de l'Histoire universelle, & représenter quelques-uns des grands traits par lesquels elle attire & enrein, qui n'a pas toujours existé. Selon cette idée, cette vallée si fertile, parfaitement égale dans toute son étendue, faisoit partie autrefois du canal de la Seine, & son eau baignoit les côtes de Graville & d'Ingoville. Cette opinion est très-vraisemblable, & voici ce que je dis pour l'appuyer. Il paroît naturel, à la seule inspection des lieux, que la Seine descendît autrefois du pied de la côte de Gonfreville-l'Orcher, le long des côtes suivantes. Le terrein qui resserre aujourd'hui le lit de la riviere, est pierreux en divers endroits, sablonneux en d'autres, & ne produit que des eaux salées. Son uniformité partout égale, n'annonce autre chose qu'un amas de matieres chariées, & lentement cimentées par le flot de la Seine. Ajoutez à cela qu'on a trouvé un corps de navire plein de lest, avec son mât, ainsi qu'une grande quille, en fouillant la terre à plusieurs distances ; & des anneaux de fer qu'on a vus encore aux murs du Château de Graville, auxquels anneaux sans doute les vaisseaux devoient s'attacher. Ainsi je pense que du limon qu'il est ordinaire aux fleuves de pousser à leur embouchure, du galet qui descend de la Héve, ou du nord-ouest, avec la marée, de quelques roches qui se détachent des falaises, & des bancs de sable qui leur auront servi de lit; de tout cela, je pense que la riviere aura insensiblement formé la vallée que j'examine. Cette naissance de terrein ou de marais aura commencé d'abord au-dessous de Harfleur, c'est-à-dire, aux environs du Hoc, & aura successivement continué vers l'embouchure de la riviere, embrassant plus d'espace à mesure que la côte se détourne ou se courbe vers le nord, ce qui forme en longueur environ deux lieues.

Tandis qu'il s'élevoit un nouveau terrein dans le lit de la riviere, l'impétuosité de la mer en ruinoit un autre à Saint Denis, chef de Caux, qui n'est éloigné du Havre que d'une petite lieue, au nord-ouest de l'embouchure de la Seine. Par diverses inondations les vagues de la mer ont tellement dégradé les terres, qu'elles ont enfin englouti une bonne partie de cette Paroisse. Il n'est pas même hors de vraisemblance, que le promontoire du chef de Caux, autrement appellé la Héve, ne s'étendît autrefois dans des tems, dont

A ij

il n'est pas possible de marquer l'éloignement, jusqu'au banc de l'Eclat au-dessus de la petite rade. Ce banc de roche auroit été la base du promontoire, & l'agitation des flots qui auroient battu continuellement cette pointe énorme, l'aura tellement ruinée dans les endroits où elle s'écartoit de la chaîne des côtes, (ce qui fait de longueur environ demie lieue où elle auroit eu moins de résistance,) qu'elle l'aura entierement détruite. Ce que je conjecture est d'autant plus probable, que l'on sçait que ce promontoire a beaucoup perdu depuis un siécle, que j'ai vû moi-même tomber du sommet des morceaux immenses, & qu'il y a encore des fentes prodigieuses prêtes à s'éclater. Les débris de cette côte qui descendent quelquefois jusqu'au Havre de Grace, auront sans doute beaucoup servi à former le terrein qu'occupe cette ville. On peut assurer qu'il est fort nouveau. Au commencement du seiziéme siécle, ce terrein gagné sur la rive droite de la Seine, n'avoit encore que très-peu de consistance. Il s'étoit tellement étendu, qu'il n'avoit pû se fortifier également, étant formé de matieres, dont le concours n'avoit point de régle. Il avoit conservé une infinité de creux ou de fosses que remplissoit la marée; une partie de ces eaux trouvoit des issues pour se rendre à la mer, l'autre y restoit croupissante. Ce fut principalement l'état du quartier qu'on appella les Bares; ensorte que pour traverser tous ces petits golfes, on fut obligé de pratiquer quantité de ponts, dont le dernier joignoit le quartier de Notre-Dame au même endroit où il le joint encore aujourd'hui. Enfin, l'intérieur de tout ce terrein n'est pas tellement affermi, que la mer ne trouve encore le moyen de pénétrer dans les caves voisines, & de revenir dans un fonds qu'elle occupoit autrefois.

Ces élevations du lit de la mer & des rivieres ne sont point inconnues; quelques isles se sont unies à des continens; les villes de Ravennes, de Fréjus, Narbonne, Aigues-Mortes où s'embarqua Saint-Louis, sont aujourd'hui considérablement éloignées de la mer qui remplissoit leurs ports, ou qui baignoit leurs murailles; & sans perdre de vûe la situation du Havre de Grace, quel grand espace à la côte du sud la mer n'a-t-elle pas abandonné au-dessus de la riviere de Dive, dans cet endroit qu'on appelle les Dunes.

Il ne faut pas cependant s'imaginer que l'eau de la Seine avec celle de la mer qui la refoule en montant, touchât immédiatement le pied des côtes de Graville & d'Ingoville. J'ai remarqué au-devant de ces côtes une largeur de terrein, dont la pente douce est certainement une partie de la montagne. C'est comme un repos que la nature a ménagé dans les différens étages de la hauteur, ou comme un amphitéâtre où l'on trouve plusieurs degrés pour arriver au faîte. Cette terrasse forme un tout trop régulier pour être l'effet du hasard, ensorte que ce côteau parallele à lui-même dans l'espace de deux lieues, ne sera point postérieur aux montagnes, auxquelles il dispose insensiblement. Il est d'ailleurs trop élevé pour être une liaison de bancs de sable, il paroît composé d'une terre franche, & il a, près du rivage de chef de Caux, une hauteur à peu près de quarante pieds, qui va toujours en diminuant, jusqu'à ce qu'elle disparoisse à l'endroit où je fixe de ce côté-là l'accroissement des terres. J'ai observé la même chose à la côte du sud, où se trouvent de semblables pentes d'une terre aussi séche, & qui ne sont sablonneuses qu'à l'endroit où la gréve commence. Ainsi la vallée du Havre de Grace avoit une demie lieue dans sa plus grande largeur sur deux lieues de long, au commencement du seiziéme siécle, lorsqu'on jetta vers son extrémité les fondemens de cette ville.

Quelques Auteurs ont reculé prodigieusement son origine, & lui ont fait honneur d'une antiquité dont elle ne se glorifie pas. Les uns ont estimé que le Havre de Grace s'étoit élevé sur les ruines de l'*Iccius* ou *Itius portus*, si célebre dans César. D'autres aussi prévenus y ont placé le Corocotinum ou Carocotinum, qui, selon l'itinéraire d'Antonin, doit être à près de cinq lieues de Juliobona. D'autres y reconnoissent Constantia-Castra, que l'on dit, d'après l'histoire d'Ammien-Marcellin, devoir exister à l'embouchure de la Seine ; & M. de Masseville, dans son histoire de Normandie, avance, que le Havre qui est maintenant, ainsi que Dieppe, une des grosses villes du pays de Caux, n'étoit du tems des Romains qu'un petit village.

Après avoir montré, & devant montrer encore plus particuliérement dans la suite l'extrême nouveauté du territoire du Havre, je pourrois me dispenser de répondre à ces diverses conjectures ; mais je veux bien dire, en passant, que ce n'est point aux côtes de Normandie, mais bien de Picardie, que l'on doit chercher le port *Iccius* de César ; que sans avoir égard aux prétentions de Saint-Omer, ni à celle (d'Icport (*a*), dont le nom est précisément le même, on le fixe avec raison, entre Boulogne & Calais, c'est-à-dire à Wissant où le trajet est le plus court des Gaules en la grande Bretagne, comme s'exprime César dans ses Commentaires.

Je dis ensuite que par Constantia-Castra, on entend la ville de Coûtances ou plutôt le Cotantin, où l'on prétend que César avoit toujours une armée ; ce qui n'empêche point que je ne croye soûtenable l'opinion de ceux qui prennent Hohfleur ou Harfleur pour Constantia-

---

(*a*) C'est un Hameau du Pays de Caux sur le bord de la mer entre le Havre & Dieppe.

Caſtra. En effet, Ammien-Marcellin (liv. 15) dit que la Marne & la Seine jointes enſemble, après avoir arroſé l'Iſle de Paris, ou de Lutéce, ſe rendent à la mer auprès de Caſtra-Conſtantia; (*propè Caſtra-Conſtantia funduntur in mare.*) Mais de l'embouchure de la Seine à la pointe du Cotantin, il y a par mer treize à quatorze lieues, ce qui n'eſt pas, à parler naturellement, le voiſinage de la riviere. D'un autre côté, Céſar, ou quelqu'autre Romain, avoit-il eu ſon camp (fixe, arrêté) auprès d'Honfleur ou Harfleur, pour donner lieu d'appeller Conſtantia-Caſtra l'une ou l'autre de ces deux villes ? C'eſt une de ces difficultés de l'Hiſtoire, qu'on ne pourra jamais réſoudre. A l'égard de Carocotinum, on peut le placer avec aſſez de vraiſemblance à la ville d'Harfleur très-ancienne & très-célebre. Enfin le village de M. de Maſſeville eſt une chimere, une ſuppoſition en l'air, dont il n'auroit pû fournir la moindre apparence de preuve.

Il feroit inutile de repréſenter les ruines de fortifications que l'on trouve au village des Neiges. Ce n'eſt point-là préciſément le lieu du Havre de Grace; j'ai montré que l'augmentation des terres avoit été successive, c'est-à-dire, que le Hoc avoit existé avant le village des Neiges; celui-ci avant le village de Leure, & tous deux bien avant le Havre, puisqu'au commencement du seiziéme siécle la place qu'occupe cette ville, loin d'être entierement desséchée, éprouvoit à tous momens les inondations de la mer. Ainsi, les restes que l'on trouve dans le village des Neiges ou du petit Leure, sont les vestiges des guerres du quinziéme siécle, ou les vestiges des forts destinés à couvrir & protéger Harfleur, qui étoit pour les François, ou pour les Anglois établis en France, le boulevard de la marine. A l'égard du grand Leure, les restes qu'on y voyoit autrefois, ne peuvent être autre chose, comme nous le verrons dans la suite, que les fortifications de l'ancien port de la ville du Havre.

Nous voici arrivés à l'assertion du Pere Daniel, qui déclare dans son histoire sur l'année 1450, que les Anglois après avoir rendu au Roi Charles VII. la ville de Harfleur, rendirent aussi les deux tours du Havre, qui n'étoit pas alors une ville, mais un *bourg ouvert*, où l'on avoit bâti ces deux tours pour commander l'embouchure de la Seine. Comme il cite pour les opérations du siége de Harfleur, Jean Chartier Bénédictin, qui y étoit présent, comme il le témoigne dans sa chronique, & qu'il joint ces dernieres paroles (qui n'étoit pas alors une ville, &c.) au récit de Jean Chartier; on croiroit aisément qu'elles sont de Jean Chartier lui-même. Mais quelquefois les Historiens tranchent les difficultés, & décident hardiment selon leur caprice. Voici mes raisons telles que je les ai communiquées au Pere Griffet, & telles que ce Pere les a adoptées.

J'ai consulté l'histoire de Charles VII. par Jean Chartier, à la bibliothéque de S. Germain-des-Prez, & je n'y ai point trouvé que le Havre fût alors un bourg ouvert, où l'on eût bâti deux tours. (Y a-t-il des bourgs qui soient fermés ?) Voici les paroles de ce Moine. » Après la
» réception de ces clefs (des clefs de Har-
» fleur) fut envoyé par ledit Lieutenant
» (le Comte de Dunois, Lieutenant Gé-
» néral des Armées du Roi) de ses gens
» dedans les deux tours du Hable ou
» Havre, pour en ôter la banniére des
» Anglois qui étoit sur l'une d'icelles, à

» champ blanc, & une Croix rouge parmi.
» Et après par deux Hérauts fut mife fur
» l'une d'icelles tours, la banniére du Roi
» de France; laquelle en pofant, il s'éleva
» un grand cri de joie & de réjouiffance
» de tout le peuple de la ville. Par ainfi
» furent garnies ces deux tours de devers
» Rouen, des gens dudit Lieutenant.
» Ce jour même s'en alla la plus grande
» partie des Anglois par bateaux, &c. »

J'admire que le P. Daniel, cet efprit si pénétrant, n'ait pas démêlé une équivoque auffi légere que celle d'où provient toute la difficulté. C'eft l'équivoque du mot de Havre ou Hable, qu'on employoit alors pour exprimer un port de mer. L'Editeur de Jean Chartier au dix-feptiéme fiécle, Denys Godefroy, en avoit averti le P. Daniel, par une note marginale, & c'eft cependant cet avis qui paroît l'avoir induit en erreur. Ainfi de quel Havre s'agit-il dans les paroles de Chartier? C'eft fans doute du Havre de Harfleur, dont il étoit uniquement queftion. Qui peut s'imaginer que les Anglois euffent arboré leur étendart fur les tours *d'un bourg ouvert*, pour témoignage à tout le monde, qu'ils avoient la possession de la ville d'Harfleur, qui seule alors étoit considérable ? Est-ce donc que Harfleur n'avoit pas son Havre, sur les tours duquel ils pussent faire montre de leur drapeau ? Mais quand Jean Chartier ajoute qu'on y substitua la banniére de France, & que lorsqu'on la vit paroître, il s'éleva un grand cri de joie dans toute la ville ; peut-on ne pas reconnoître que c'étoit le signal de la prise de possession d'Harfleur, cette place importante ? Ce qui le démontre, c'est que le peuple renfermé dans la ville d'Harfleur, n'auroit jamais pû saluer d'un cri de joie le drapeau de la France, si on l'eût élevé sur les deux tours du prétendu Havre, qui est situé deux lieues plus bas à son occident, & dont la vûe lui est cachée par une pointe saillante de la côte du nord. Le P. Daniel se contredit, en refusant alors au Havre le titre de ville, tandis que Jean Chartier assure que la ville fit des cris de joie, quand elle vit la banniére de France remplacer celle d'Angleterre. Ainsi il est nécessaire de dire, de son propre aveu, que cela se passa à la vûe d'Harfleur sur les tours de son Havre, & l'assiette de ce port au-devant de la ville ; favorise à tous égards mon explication.

A l'endroit de la côte du nord, où la chaîne des montagnes est interrompue, dans une espece de détroit ou de golfe, est située la ville de Harfleur. Son port occupoit le devant de ses murailles du côté du midi, & formoit deux grands bassins qui communiquoient l'un à l'autre, à peu près comme ceux de Toulon. L'entrée de ce port étoit fort étroite, & soutenoit de chaque côté deux belles tours pour la défendre. On voit encore des vestiges très-marqués de ces deux tours dans les ruines de ce port si célebre, qui n'est plus qu'une prairie que partage en deux la petite riviere appellée Lézarde. Ce port occupoit principalement la partie de la muraille qui s'écarte le plus de la mer, ou de l'embouchure de la Seine; c'est pour cela que Jean Chartier ajoute qu'on remplit ces deux tours qui étoient vers Rouen, des gens du Comte de Dunois. Or le Havre n'est pas du côté de Rouen à l'égard de cette ville. La chronique de Normandie que j'avois consultée d'abord, rapporte la même chose encore plus clairement, en disant qu'on fit sortir après cela les Anglois des tours qui étoient situées vis-à-vis de la côte. Or le Havre qu'on voudroit distinguer de celui d'Harfleur, n'avoit, dans la supposition du P. Daniel, que les deux tours ci-dessus nommées. Voilà donc, ce me semble, la question décidée sans retour. On avoit fait le siége par terre du côté de la campagne, la ville fut rendue, & après la réception des clefs, on s'assura d'abord des tours maritimes qui couvroient les autres.

M. Dubocage qui n'avoit d'autre fondement que cette méprise du P. Daniel, pour soutenir la même opinion, a cru la fortifier en disant que François I. répara ou réédifia ces deux tours. Comme il prouve trop, il ne prouve rien. Il est vrai que François I. fit construire la grosse tour dans un endroit où il n'y avoit jamais eu aucun édifice. Mais pour la tour opposée, c'est le Vidame de Chartres qui la fit bâtir avant le siége de la ville (on le verra plus bas), & on l'a toujours appellée depuis, à cause de cela, la tour Vidame.

Cependant quoiqu'il soit certain qu'il n'y avoit alors sur ce rivage aucune fortification, il ne faut pas dissimuler qu'il n'y eût même, avant le siége de Harfleur, quelque petite habitation. J'ai vû un titre conservé par les Curés du village d'Ingoville, où dès l'année 1445, la paroisse de ce village étoit jointe avec une annéxe ou succursale de la bienheureuse Marie (*cum suo succursu beatæ Mariæ;*) ensorte que la Mere de Dieu, que l'Eglise appelle dans ses chants, l'Etoile de la mer, étoit honorée sur les deux rives de la Seine, à l'endroit à peu près où elle tombe dans l'océan, & où le Havre & Honfleur sont, pour ainsi dire, les deux Dardanelles qui défendent ce golfe. Mais loin que ce fût un bourg formé, c'étoit à peine un hameau, dont les flots emportoient dans le sein de la mer tous les jours quelque partie. Ce qui avoit occasionné cette petite habitation, étoit la commodité d'une grande crique, où les Pêcheurs pouvoient se retirer au retour de leur pêche. Nous avons vû que le terrein du Havre en se formant avoit conservé grand nombre de fosses, où l'eau séjournoit. Au-delà de ce terrein sur le sable s'étoit élevé un très-grand banc en forme d'isle, ensorte que la mer

qui

qui le baignoit par les deux extrémités, alloit toujours arroser l'ancien marais. Ce bras de mer, très-profond & très-large, avoit, comme l'on voit, deux issues très-éloignées l'une de l'autre. Ce fut le grand canal ou la grande crique, qu'on appella la crique de Percanville, à cause du quartier de ce nom qu'elle divisoit en partie d'avec celui des Bares, comme nous verrons dans la suite. On l'appella aussi la fosse d'Eure ou de Leure, à cause de ce village, près duquel elle avoit son entrée. Les Pêcheurs de la côte construisirent une méchante cabane dans le voisinage de cette crique, ils y prenoient leur rafraîchissement & leur repos, tandis que leurs barques étoient en sûreté dans ce canal : voilà précisément l'origine du Havre, selon de vieux plans à la main, qui subsistent encore, & c'est ici pareillement que commencent nos Mémoires.

Quoique ce canal fût à l'usage des Pêcheurs, à qui la nature en avoit fait présent, & qui s'en étoient, pour ainsi dire, emparés, nous trouvons cependant dans l'Histoire, qu'il s'y fit avant le regne de François I, deux armemens assez consi-

B

dérables : le premier en 1470, sous la conduite du bâtard de Bourbon, Amiral de France, à la réquisition du Comte de Warwick, pour aller délivrer Henry VI. Roi d'Angleterre : le second, en 1485, en faveur du Comte de Richemont, qui étant parti du Havre avec un secours de quatre mille hommes, fit déclarer pour soi tout le pays de Galles, & s'empara de la Couronne. M. Dubocage qui avoit résolu de ne point déférer à mon observation sur le P. Daniel, rapporte ces deux exemples pour l'antiquité du Havre. Il faut un peu s'arrêter ici. Il y a dans la premiere citation quelque petit mécompte, & pour la date, & pour l'ordre des voyages du Comte de Warwick, que M. Dubocage renverse d'une façon qui n'est pas judicieuse. D'abord, ce ne fut point en 1469, mais en 1470 que le Comte de Warwick vint en France demander du secours ; & ce que M. Dubocage appelle le second voyage, fut précisément le premier. Il avance, page 5, que ce Comte ayant obtenu de Louis XI. un secours considérable, s'embarqua au Havre sous la conduite du bâtard de Bourbon........ & ensuite, que lorsqu'au mois de May de la même année, il repassa en France, il ne jugea pas à propos de laisser sa flotte au Havre; il la fit entrer dans les ports d'Harfleur & d'Honfleur. Voilà un retour en France tout-à-fait inutile, & qui ne s'est pas fait de la part du Comte. Ce que notre Auteur a pris pour le retour du Comte de Warwick, est naturellement son premier voyage, lorsqu'avec une flotte qui lui appartenoit, il étoit parti de Dermout au mois de May pour venir en Normandie, & qu'après son arrivée en cette Province, il avoit mis ses vaisseaux en sûreté dans les ports de Harfleur & de Honfleur. Le Roi qui s'étoit rendu à sa demande, fit équiper plusieurs vaisseaux pour les joindre à la flotte du Comte qui partit pour son expédition, avec le bâtard de Bourbon, Amiral de France. C'est ainsi que la chose est rapportée par le P. Daniel, qui n'a point marqué de quel port sortit cette flotte: mais Rapin de Toyras, (histoire d'Angleterre) dit positivement que ce fut du Havre de Grace. A l'égard du second exemple, le Comte de Richemont partit du Havre, selon le P. Daniel. Mais Rapin de Toyras le fait partir d'Harfleur,

B ij

où les vaisseaux l'attendoient, & où il fit embarquer ses troupes.

Il paroît donc qu'on doit regarder ces armemens comme s'étant faits proprement dans le port d'Harfleur, qui étoit muni de remparts & de magasins, & qu'il faut dire, dans ces deux cas, que les vaisseaux après y avoir été équipés, étoient descendus dans la crique du Havre, pour y attendre le vent ou la marée, comme dans une baye qui servoit de station & de refuge au port de Harfleur. Cette idée naturelle peut se confirmer, par ce que dit Rapin de Toyras, que la flotte de Richemont partit de Harfleur le dernier jour de Juillet, au lieu que le P. Daniel ne la fait partir du Havre que le premier Août. Ainsi la crique du Havre pouvoit être alors considérée comme une rade sûre à l'égard de Harfleur, où d'ailleurs les navires étoient à l'aise. Mais les vestiges d'un ancien port & d'un château dans les marais, dont parle M. Dubocage, (ce château est le fort de L'eure qu'il n'a pas connu) appartiennent véritablement au Havre, depuis le règne de François I. & ne font point partie, comme il le conjecture, de l'ancien port d'Harfleur, qui en étoit éloigné de près de deux lieues. Ainsi il est inutile de tergiverser pour enlever à la ville du Havre l'honneur d'avoir été fondée par un si grand Prince. C'est mal-à-propos que M. Dubocage la nomme ville avant qu'elle soit fermée : puisqu'il convient que François I. la ferma, il faut qu'il convienne nécessairement qu'il en fut uniquement & proprement le fondateur.

En 1516, on voyoit du côté de la jettée du sud, c'est-à-dire, du quartier des Bares, qui comprenoit aussi la place de la citadelle, grand nombre de cabanes, malgré les outrages de la mer; desorte qu'insensiblement ce rivage se peuploit de Nautonniers, qui vivoient de leur pêche. On étoit venu les trouver dans cette pauvre habitation; & plusieurs paroissiens d'Ingoville avoient pris des Fiefs (ou des Fieffés) des Seigneurs de Graville pour bâtir dans le territoire, & jouir des communes qui étoient aux environs. Pour faciliter l'établissement sur le plus solide de ces marais, la bonté du Roi leur avoit accordé des priviléges & le franc-salé pour dix ans. Telle étoit, en

1516, la situation de ce rivage, où se devoient faire un jour de si grands armemens.

Quelques Géographes qui conviennent toutefois que François I. est le fondateur du Havre, ont écrit que Louis XII. son prédécesseur y avoit fait faire quelques travaux. C'est encore une chose que nous ne pouvons accorder, 1°. parce que François I. fit examiner divers lieux sur la côte, aux environs de l'embouchure de la Seine, pour y construire un bon port, ce qui n'annonce point que le Havre fût déja un bourg ouvert, où Louis XII. auroit fait faire quelques ouvrages, quoiqu'il en puisse avoir eu le dessein (a). D'ailleurs ces Géographes ont tous puisé cette assertion dans Taillepied qui a dit le premier dans son recueil des antiquités de la ville de Rouen : (cedit an (1509) fut commencé le Havre la ville de Grace qui étoit un lieu champêtre.) Mais il n'est pas plus croyable que Bourgueville, autre Auteur Normand, qui dans ses an-

___

(a) Peut-être est-ce à lui qu'il faut rapporter la concession de ces privileges.

tiquités de Caën & de Neustrie, dit que la ville Françoise, le grand Havre de Grace fut bâti en 1518 ou 1520. Ainsi il résulte de la différence de ces deux Auteurs qui sont contemporains de la fondation du Havre, ainsi que du témoignage de Beaucaire Evêque de Metz & de celui de la Popeliniére également contemporains, que le Havre de Grace est du commencement du seiziéme siécle, & que notre sentiment est vrai sur l'époque de sa fondation. En prenant donc un tems moyen entre celui de Taillepied & celui de Bourgueville, nous assignons l'année précise de cette fondation à l'année 1516, & la seconde raison qui nous y détermine, est qu'il y a parmi les Habitans du Havre une tradition commune aussi ancienne que sa fondation, selon laquelle *en mille cinq cens seize fut assise la premiere pierre.*

Ainsi nous ne reconnoissons absolument pour fondateur que François I. ce grand Prince dont la mémoire nous sera toujours précieuse. Cette tradition nous a été conservée par l'Auteur de nos mémoires, Guillaume de Marceille, ou de Maſſeille, Ecuyer, premier Procureur du Roi au Havre de Grâce, témoin oculaire en partie, & dépoſitaire pour le tems précédent, du récit de ſon pere, qui étoit, au premier moment de la fondation du Havre, Gouverneur du château & de la terre de Graville. Il étoit né dans cette ville, & il écrivit ſes mémoires en l'année 1594, mais il ne les porte que juſqu'à l'année 1590. Quoiqu'il n'y ait pas aſſez d'ordre, aſſez de détail, aſſez de clarté ſur des choſes fort eſſentielles, il n'eſt pas impoſſible de le deviner. Le malheur de ce tems qui ne faiſoit que ſortir de l'ignorance, l'imperfection où étoit alors la langue françoiſe, & les grandes occupations de ce Magiſtrat, ont été les cauſes de l'obſcurité de ſa narration : mais nous croirions manquer à la reconnoiſſance que nous lui devons, ſi nous n'avertiſſions ici que ſa piété nous garantit la vérité de ſes mémoires, & qu'il nous a laiſſé des témoignages dignes de foi ſur la nature & le nombre de nos privilèges. Il rapporte donc la fondation de la ville à l'année 1516, quelques années plutôt que ne porte

porte un des fameux plaidoyers dont nous aurons occasion de parler. Voici comment j'explique cette fondation.

1516. *Fondation du Havre de Grace.*

François I. Prince actif & brave, ayant défait les Suisses à la journée de Marignan, repassa promptement les Alpes au commencement de l'année 1516, sur l'avis qu'il eut que l'Anglois méditoit quelqu'entreprise contre la France. Comme il avoit pris les intérêts du jeune Roi d'Ecosse, (Jacques V.) il se trouvoit exposé au ressentiment & à l'aversion du Roi d'Angleterre. Pour opposer donc une barriere aux courses des Anglois, & mettre en sûreté dorénavant la province de Normandie, il résolut d'y établir une forte place. Ce dessein arrêté, le Roi députa l'Amiral de Bonnivet, pour examiner les côtes de cette province. La mer commençoit déja à s'éloigner du port de Harfleur, & cette ville cachée dans une espece de golfe, ne pouvoit plus veiller, par ses navires, à la sûreté des peuples. On jetta les yeux sur Etretat, l'embouchure de la Touque, & les marais du Havre de Grace. Ce dernier endroit l'em-

porta, & fut jugé plus commode par l'avantage de la crique, & plus important par l'embouchure de la Seine. " On in-
» forma, dit François I. (a) qu'au Bail-
» liage de Caux, au Port de Grace, étoit
» le lieu plus propre & convenable à faire
» l'ouverture de Havre.

Le Roi commit la charge de bâtir la ville, & de perfectionner le port, à Guyon le Roi, Chevalier, Seigneur de Chillou, du pays de Poitou, autrefois Général de l'armée de Louis XII. contre les Anglois, pour lors Vice-Amiral de France, & Capitaine ou Gouverneur de la ville de Honfleur; il fut aussi le premier Gouverneur de la nouvelle ville. Ainsi le Havre de Grace, à présent chef-lieu d'un gouvernement général militaire, département de la marine, clef du royaume, & port de commerce, commença de s'établir en 1516, une année avant la naissance de l'hérésie, qui lui fut funeste. On partagea la place en trois grands quartiers autour de la crique, mais principalement en-deçà du côté du nord, & l'on n'y fit d'abord que des retranchemens de terre, dont les lignes furent peu à peu près revêtues; de

(a) Premiere Charte de François I. signée au Havre dans le mois d'Août 1520.

maniere que les principaux ouvrages du Chevalier de Chillou, furent la tour & l'hôtel de ville.

La grosse Tour & l'Hôtel de Ville.

Le Roi avoit eû dessein, pour commander la mer, de faire bâtir une forteresse près du chef de Caux, à l'endroit qu'on nommoit alors la Mare-aux-Chevaliers; il avoit même envoyé six notables pour visiter la place; mais ils l'en détournerent pour le bien du pays & même de la ville, que cette forteresse auroit pû gêner; & il est vraisemblable que l'ouvrage massif que l'on voit à l'entrée du port, ne fut élevé que pour remplacer celui qu'on abandonnoit... La grosse tour est un bel ouvrage, ayant presque autant de profondeur sous le lit du port, qu'elle a d'élévation au-dessus du quai; & elle est si bien fondée, que ses caves sont parfaitement séches, ensorte que les vaisseaux en arrivant y déposent leurs poudres, comme on les y oblige. Elle a diverses chambres, une grande salle, une voûte de pierres, qui forme pardessus une très-belle terrasse d'où l'on découvre toute la mer. On y avoit laissé d'abord une ouverture dans le milieu pour éclairer la salle : mais cette ouverture ne laissant pas à la voûte assez de fermeté, a été remplie. On y fit jaillir avec beaucoup d'adresse une fontaine, dont le cours a été souvent interrompu ; on y pratiqua sur la cime deux petits corps de garde, & un oratoire, où je ne crois pas qu'on ait jamais célébré la messe. La tour est ronde, composée de pierres taillées la plupart en pointes de diamant, forme agréable au Sr. de Chillou, qui l'avoit employée dans la construction des deux tours de Gênes, lorsqu'il y fut Lieutenant de Roi sous Louis XII. ainsi que dans celle du château de Dourlans. L'on voit encore quelque marque de ce goût particulier à la façade du bâtiment de l'hôtel de ville, qu'il fit faire à ses dépens pour y loger. Mais sous le regne d'Henri II. les bourgeois financerent pour en faire l'acquisition vers l'année 1550, & l'acheterent de Louis Duplessis, fils de François Duplessis, bisayeul du Cardinal de Richelieu, qui l'avoit eû pour la dot d'Anne le Roi, fille héritiere du sieur de Chillou.

Ce Capitaine pour s'établir Seigneur de la ville du Havre, se fit faire des cessions par fieffe ou par achat, des communes du lieu où étoit compris le territoire de la ville, de la part des paroissiens d'Ingo-ville, qui avoient droit à ces communes. Il fieffa plusieurs places à différens bour-geois, & par les rentes qu'il percevoit de ces particuliers, il réussissoit à se faire regarder comme le Seigneur de cette ville: mais Louis de Vendôme, Vidame de Chartres, & Seigneur de Graville, s'étant pourvû au Parlement de Rouen contre de telles entreprises, par un Arrêt rendu en Mai 1524, on cassa les contrats de l'acquisition des communes d'Ingo-ville; & le territoire du Havre qui con-sistoit en vingt-quatre acres, depuis la porte du Perré, jusqu'au premier pont des bares (c'est le quartier de Notre-Dame, dont l'usurpation chagrinoit le plus le Seigneur de Graville), lui fut adjugé comme lui appartenant, excepté néan-moins ce qu'avoit pris le Roi, pour les murailles, les quais, & autres ouvrages de cette nature. Le gouverneur du Havre, pour se libérer des dépens auxquels il étoit condamné, & qui montoient à treize ou quatorze mille livres, vendit au Sei-gneur de Graville, la terre & le château d'Orcher; d'où il prenoit le nom de Maréchal héréditaire de Normandie. Depuis ce tems-là le Seigneur de Graville fieffa les places de la ville du Havre, à un sol de rente chaque année, par pied cube, jusqu'à l'année 1541, où le Roi se rendit propriétaire du fonds de la place.

François I. donne son nom à la ville du Havre.

François I. pour honorer la ville qu'il avoit fondée, voulut qu'elle portât son nom, & qu'on l'appellât la ville Françoise ou François-ville : mais l'on ne put s'y accoutumer, & quoiqu'un Prince si bienfaisant méritât sans doute que son nom fût continuellement dans la bouche de son peuple, on fut quelque tems sans pouvoir convenir du nom de sa ville. Les uns l'appelloient *ville Françoise*, les autres *Havre de Grace*. On l'appelle assez communément dans les monumens du pays, la *ville Françoise du Havre de Grace* ; ce qui réunit les deux noms : mais l'on diroit plus correctement, *Françoise de Grace*. L'ancien usage des premiers habitans, c'est-à-dire des pêcheurs, a fait prévaloir le nom de Havre de Grace, & c'est ainsi qu'elle est connue dans toute l'Europe. Mais ailleurs on a dit volontiers, le Port-Louis, & Charles-ville. C'est en latin *Franciscopolis*, aussi bien que *Portus Gratiæ*. Quelques-uns ont tiré l'étymologie de Havre, du substantif (*Habulum*) qui est un terme de la basse latinité, pour signifier un port, dont on a fait dans le roman le mot de hable, ou hayle, & enfin havre. Les paysans disent encore, la ville du Hable. Mais d'autres prétendent que le mot *Havre*, se fait d'*Aber*, qui veut dire un port, dans la langue Celtique.

Sur ce nom de Havre de Grace, les Auteurs se sont beaucoup embarrassés pour en déterminer l'origine; mais ils ont fait une énigme d'une chose très-claire, en l'appellant en latin (*Portus Gracius* ou *Gracicus*), ce qui ne découvre aucun sens. Voici tout naturellement d'où provient le surnom de *Grace*. Il y avoit sur le bord de la mer, avant la fondation de la ville, une petite chapelle sous l'invocation de Marie. Les mariniers ont une grande confiance en la mere de Dieu, qu'ils regardent comme leur étoile. Ainsi au mot de Havre, qui veut dire port, on joignit, pour le spécifier, le nom de la chapelle, qui s'appelloit alors, comme elle s'appelle encore aujourd'hui, Notre-Dame de Grace : comme l'on diroit d'un port où l'on invoqueroit la Sainte Vierge, sous le titre de Notre-Dame de bon Secours, ou de Notre-Dame de la Garde, le port de la Garde, le Havre de bon Secours. Il ne faut pas chercher plus loin l'origine de cette dénomination. On voulut avertir parlà qu'on avoit pour Protectrice sur ce rivage la mere de Dieu, & la ville qui conserve ce nom, avertit encore qu'on y est toujours sous sa sauve-garde.

1525. Le Havre est inondé.

Cependant elle éprouva dès sa naissance une affreuse désolation. A peine s'élevoit-elle du milieu des eaux, à peine étoit-elle assise sur ses fondemens, que la mer en courroux sembla vouloir tout détruire. Au commencement de l'année 1525, remarquable aux François par la prise du Roi devant Pavie, la nuit du 15 de Janvier, la mer se déborda avec tant de violence, qu'elle inonda toute la ville, & noya presque tous les habitans; c'est ce qu'on appella *la male marée*. Ce débordement fut si vaste & si impétueux, qu'il emporta jusqu'à vingt-huit navires pêcheurs, dans les fossés du château de Graville. Ils y furent dépecés, n'ayant pû être reconduits au port; & tous les ans, à pareil jour, on fait mémoire de ce triste événement, par une haute Messe, précédée d'une Procession qu'on faisoit autrefois autour de la ville, & aujourd'hui seulement dans les cimetieres.

1528. *On continue de bâtir la Ville.*

Quelques années après, le Roi François I. donna le gouvernement du Havre, vacant par la mort du Chevalier de Chillou, à Charles du Bec, Seigneur de Bourry, qui fut, comme son prédécesseur, vice-Amiral de France. Mais cette dignité, de même que le gouvernement de la ville du Havre, passa presqu'aussitôt dans les mains de Charles de Moy, Seigneur de la Mailleraye, qui eut ordre, ainsi que l'avoit eû de Bourry, de continuer les ouvrages de la ville. Il commanda dans cette place jusqu'à l'année 1561, de maniere qu'il eut le tems de beaucoup avancer la construction des quais & des murailles, pour préserver des eaux un tel rein très-bas, & qui avoit encore sans doute avec la mer de secretes communications. Après ces travaux il se retira à Paris, pour y mener une vie paisible.

Eglises.

Quant aux Eglises de la ville du Havre, les plaidoyers de 1586, pour le patronage, avancent que François I. fit bâtir en 1531, Notre-Dame, & Saint François: mais l'Auteur des mémoires dont j'ai parlé, ne rapporte la bâtisse de Saint François, qu'au regne de Henri II. Ce témoignage paroît être le meilleur, parce que le quartier des Bares, qui comprenoit alors avec l'emplacement de la citadelle toute la partie de Saint François, jusqu'au premier pont des Bares (aujourd'hui le pont de communication entre les deux quartiers), ne prit la forme de ville, qu'après que le Roi se fut approprié le domaine de toute la place en 1541.

Pour l'Eglise de Notre-Dame, il est manifeste par les titres de la cure, & par des raisons de convenance, qu'elle a de beaucoup précédé la fondation de la ville. Ce n'étoit encore au moment de cette fondation, qu'une petite chapelle, faite de bois, & couverte de chaume. Les environs de l'endroit où elle est bâtie, étoient alors tellement enfoncés, que l'eau y pénétroit dans les grandes marées. Les Prêtres qui y faisoient le Service Divin, étoient obligés de monter sur des bancs pendant la célébration des Saints Mysteres, & les assistans s'en retournoient à cheval, ou dans des bateaux. Cela obligea d'abord à hausser les quais qui n'étoient que de bois, & ensuite les rues. Depuis on reconstruisit la chapelle avec des piliers de pierre, & le pere de M. de Maceille, qui en étoit principal Marguillier en 1536, en fit augmenter le nombre. Elle fut encore aggrandie quelque tems après, de maniere qu'en l'année 1540, l'on commença d'élever une tour, dont on posa la premiere pierre lorsqu'arriva dans cette ville Claude de Montmorenci, qui y commanda quelque tems en l'absence du Seigneur de la Mailleraye.

1530. *Donations de François I.*

Insensiblement la ville se remplissoit. Pour favoriser la population, le Roi supprima par lettres patentes, la prévôté de Leure & de Harfleur, au profit de la ville du Havre, & par ce moyen lui donna à perpétuité les droits de poids qu'il pouvoit exiger, tant au Havre qu'à Harfleur. Il lui donna aussi le droit d'ancrage depuis la ville jusqu'à Quillebœuf; la pêche de Leure & ses priviléges. Ces donations furent homologuées au Parlement de Rouen dans le mois de Mars de l'année suivante ; mais les citoyens par reconnoissance, s'obligerent eux-mêmes à payer au domaine de la Vicomté de Montivilliers, cent livres de rente, & de fournir à la décharge de Sa Majesté, avec environ trois cens livres, neuf poches de sel de brouage aux Moines du Valasse, rendues chaque année à Harfleur, dans leur grenier à sel. Ces neuf pesées ont été réduites à vingt-deux minots, qu'on leur fournit au Havre.

Fermes.

La libéralité du Roi n'eut point de bornes. Il accorda aux citoyens du Havre, à perpétuité, pour l'embellissement, fortification, réparation, & autres besoins de cette nature, le revenu total des fermes publiques ; c'est-à-dire la ferme des vins, vendus & distribués, même en détail, dans le pays ; la ferme des petites boissons, comme le cidre, le poiré, la biére ; la ferme de la descente du fer, & de toutes les boissons ; la ferme des harengs ; la ferme du poids-le-roi, tant du Havre, que de Harfleur ; la ferme de l'ancrage des navires ; la ferme de l'aunage des draps & des toiles ; la ferme du mesurage du biscuit & du bled ; la ferme du mesurage du charbon de terre & de bois ; la ferme de la boucherie ; enfin la ferme de la pêche de Leure. L'adjudication de ces fermes se faisoit le soir de la fête des Innocens, en l'hôtel de ville, dans la grande salle des assemblées, en présence du Gouverneur, des Echevins, du Procureur du Roi, des Officiers compétans, & de tout le peuple ; & on les adjugeoit au plus offrant & dernier enchérisseur, qui les faisoit valoir au profit de la ville.

Elle n'en possede plus aujourd'hui qu'une moitié, & le corps de ville régit par lui-même les fermes publiques, dont il est comptable à la Chambre des comptes du Parlement de la Province. Sur le produit des octrois, il est obligé de payer les Officiers & les charges de la ville ; le reste est employé pour l'ornement ou les nécessités qui peuvent survenir. Il faut remarquer cependant que pour remplacer la soustraction de la moitié du revenu de ces fermes, on leur a procuré une augmentation égale à cette partie, & c'est ce qu'on appelle *doublement*, ou nouveaux droits.

A ces premieres faveurs, le Roi en ajouta beaucoup d'autres. Il affranchit & déchargea ceux qui venoient habiter le Havre, des tailles, des aydes, & de tous les impôts qu'on auroit levés ou qui auroient pû se lever dans la suite, à condition toutefois qu'ils prendroient place dans la ville par fieffe, achat, ou échange, pour y bâtir leurs maisons. Pour procéder avec plus d'ordre, ils alloient devant les Elus de Montivilliers se faire biffer du rôle de la paroisse qu'ils abandonnoient, & rendre compte de la somme qu'ils alloient employer à bâtir, car elle étoit fixée selon les circonstances. Ils étoient reçus aussitôt dans la nouvelle ville pour jouir des privileges, & le montant des tailles dont ils étoient affranchis, étoit repris sur les autres de la même paroisse; ce qui se faisoit à dessein de peupler tout d'un coup le Havre de Grace.

Ceux qui vinrent s'y établir, obtinrent encore ce privilége, qu'on ne pouvoit augmenter leurs tailles, pour le bien qu'ils possédoient dans leur ancienne demeure, de sorte qu'ils n'avoient qu'à produire un certificat en bonne forme, de leur résidence en cette ville, pour faire abolir aussitôt l'augmentation qui seroit survenue. Le Roi accorda de plus à tous les habitans le franc-sel, tant pour la provision particuliere de leur maison, que pour celle de leurs navires, & il fit venir de Harfleur au Havre trente Archers morte-paye, pour être les gardes du Gouverneur (le Seigneur de la Mailleraye.) Les gages de chaque Archer furent fixés à 60 liv. par an.

Outre ces exemptions de tailles, de taxes, d'aydes, & autres choses, François I. accorda à sa ville le privilege de deux foires franches par chaque année, & deux marchés francs qui se tiennent toutes les semaines, le mardi & le vendredi, où l'on peut apporter de dehors toutes sortes de marchandises, sans payer aucuns droits. Tous ces différens priviléges se sont accrus jusqu'à ce qu'ils ayent égalé ceux de la ville de Dieppe,

& on n'en connoît guères de plus beaux & de plus grands dans le Royaume. Mais les citoyens du Havre sont obligés à garder leur ville, sous la direction de leurs Officiers, & forment pour cela quatre compagnies, outre celles des vieux Soldats, qui font aussi le service. Cette garde des Bourgeois est aujourd'hui réduite à peu de chose, & les principaux postes sont gardés par ceux de la garnison.

Louis XV. le Bien-Aimé, dans la derniere charte, confirme en détail tous leurs priviléges, & toutes leurs franchises. « Nous confirmons, dit Sa Majesté, tous
» les priviléges, jurisdictions, coutumes,
» usages, libertés, droits, exemption
» de tailles, d'aydes, & de droits de ga-
» belle, & autres immunités, franchises,
» dons & perceptions d'octrois, établis-
» sement de foires franches, de marchés
» francs; exemption de ban & arriere-ban,
» de quatriéme, de taxe, & des droits de
» francs-fiefs, & nouveaux acquêts, &
» toutes les exemptions de subsides & sub-
» ventions. « Il faut dire apparemment que la communauté a l'usufruit de tous ces privileges, car les Particuliers payent
les

les droits, & l'on trouve pour leur recouvrement en cette ville, une fourmilliere de Commis qui y font leur devoir au moins aussi bien que dans aucune autre.

1530. Dès l'année 1530, on voyoit au-dessous de la grosse tour, du côté de la mer, un commencement de jettée, & quelques petites fortifications pour arrêter le cours des flots.

1533. *Navire appellé la Grande Françoise.*

Mais ce qui fit connoître dans le pays étranger le Havre de Grace, fut la construction de cet immense vaisseau, qu'on appella le François, du nom du Roi, ou comme on disoit alors, la Françoise. On employa plusieurs années à le bâtir, & le dessein du Roi étoit de l'envoyer au levant, pour faire tête au Turc. Ce qui peut faire conjecturer qu'on y travailloit vers l'année 1533; & l'on en peut tirer l'occasion du traité fait entre le Roi de France & celui d'Angleterre, à Boulogne, au mois d'Octobre 1532, où l'histoire apprend, que ces deux Princes agitant les moyens d'arrêter le Turc, s'il continuoit d'envahir le patrimoine des Chrétiens, convinrent ensemble d'armer en commun quatre-vingt mille hommes, pour témoigner leur zèle, & pour exciter les autres Puissances. (a)

Ce navire étoit d'une grandeur énorme, &, comme l'on dit, de plus deux mille tonneaux. Le P. Fournier Jésuite, fait mention de ce vaisseau dans son Hydrographie, (liv. I.) & rapporte que, « François I. par une espece de défi, » avec le Roi d'Angleterre, bâtit une » carraque, d'une proportion démesurée, » & la plus grande qu'on eût vue jusqu'a- » lors sur notre océan : mais qu'ayant » roulé en l'eau, elle demeura immobile, » aussi bien que celle de Henri VIII. « Avant le P. Fournier, Bourgueville dans ses antiquités de Neustrie, avoit dit » que » tout le monde venoit admirer la grande » Nef Françoise (le Navire), & qu'on » ne put la faire flotter pour gagner la » pleine mer, quoiqu'on y eût attaché

_____

(a) Ce vaisseau n'étoit point destiné pour aller au secours des Chevaliers de Rhodes, comme écrit M. Dubocage. On ne l'équipoit qu'en l'année 1533, & l'Isle de Rhodes étoit conquise dès 1522. Il étoit commandé par le neveu du Grand-Maitre, sur qui l'Isle avoit été conquise, le Chevalier de Villiers, dont M. Dubocage a fait Villars, par un second anachronisme.

» grand nombre de tonneaux vuides &
» autres vaiſſeaux. « Nous avons quelque
choſe de plus circonſtancié ſur cette
maſſe prodigieuſe, qui devint inutile,
après des frais incroyables. Un Gentilhomme de Bretagne, habile dans cet art,
fut chargé de bâtir ce vaiſſeau à la foſſe
de Leure. C'étoit, comme j'ai dit, la
crique de Percanville, appellée encore
la crique de la Planchette, aux environs
du baſtion des Capucins. On n'y employa
que des cloux de fonte. Le grand maſt,
qu'on avoit formé de pluſieurs piéces
unies enſemble, avoit de tour cinq ou ſix
braſſes, & il portoit quatre hunes, ſur
la plus haute deſquelles un homme ne
paroiſſoit que comme un enfant. Il y avoit
dans ce navire un jeu de paume, une
forge, un moulin à vent, un édifice de
bois pour couvrir le tillac, le long des
ſabords, depuis un bout juſqu'à l'autre.
Il avoit à ſa poupe l'image d'un Phénix,
pour ſignifier que ce navire, dans ſa grandeur & ſes ſingularités, étoit l'unique au
monde. On voyoit au milieu une fort
belle chapelle de Saint François, en laquelle on faiſoit l'aſperſion de l'eau, & la
diſtribution du pain benit tous les di-

manches : les Gardes Italiennes y affiſtoient pour faire obſerver l'ordre. Enfin la proue étoit ornée d'une figure de Saint François, qui fut miſe enſuite dans l'Egliſe qu'on édifia ſous ſon invocation, au quartier des Bares. On y joignit la Salamandre qui ſervoit de deviſe à François I. avec ces paroles (*nutriſco & extinguo.*) (*a*) Les vertus & qualités de la Salamandre, vrayes ou fauſſes, étoient du goût de François I.; on lui en faiſoit l'application, & la grandeur de ſon courage l'excitoit merveilleuſement à en ſoutenir le caractere : il s'en faiſoit honneur, les ayant adoptées au point qu'il a laiſſé pour armes à ſa nouvelle ville, l'image myſtérieuſe de cet animal. L'écuſſon eſt un champ de gueule, chargé d'une Salamandre d'argent, ſur des flammes d'or; au chef d'azur, chargé de fleurs

---

(*a*) Je m'y nourris & je l'éteins. *Nutriſco* eſt un mot forgé; & le ſens de cette deviſe, eſt que la Salamandre qui eſt une eſpece de Lézard, réſiſte à l'activité du feu, & même l'anéantit. Mais cela n'eſt vrai, tout au plus, qu'à l'égard d'un feu médiocre; car dès que la liqueur froide qu'elle y jette, eſt conſumée, elle périt au milieu des flammes.

de lys d'or, arrangées horizontalement, comme on les mettoit alors dans l'écusson de France.

Il falloit faire sortir du port cet énorme navire. Le Roi députa pour le commander, le sieur de Villiers, Chevalier de Malthe, neveu du Grand Maître des Chevaliers de Rhodes (Villiers de l'Isle-Adam), sur qui Solyman, Soudan des Turcs, avoit conquis cette Isle en 1522. Il ne put en deux grandes marées faire avancer le vaisseau plus loin que l'extrêmité d'un petit mole qui suivoit la tour, & il fut obligé de le laisser-là. Les Pilotes du lieu furent chargés de le reconduire au fond du port, vers l'endroit de la grande bare, où il resta immobile jusqu'au 14 du mois de Novembre, pendant la nuit duquel il survint une si affreuse tempête, que les cables qui le retenoient, s'étant lâchés, il se renversa sur le côté, & se remplit d'eau à un tel point, qu'il fut impossible de le relever. On le mit en piéces, & de ses débris on bâtit quantité de maisons, au quartier des Bares.

Il falloit être un peu prévenu pour s'imaginer qu'un tel navire pût servir à autre chose, qu'à faire, dans un port, l'étonnement de la curiosité; pour ne pas voir que l'entretien de tant d'édifices, dans un seul, devoit être une dépense continuelle; qu'il ne pouvoit être bon voilier, & que s'il n'eût pas fait naufrage dans le port, il l'auroit fait immanquablement deux pas plus loin; ce qui eût été bien plus terrible; ensorte qu'on regarderoit ce récit comme une fable, si le fait n'étoit attesté par les monumens de ce tems-là, & comme justifié par de semblables entreprises chez quelques anciens peuples. Il étoit d'une telle hauteur, que lorsqu'il vint à passer près de la tour, les premiers sabords se trouverent au niveau de cet ouvrage, & quelques mariniers sauterent dedans; ce qui donna lieu par la suite à M. de la Mailleraye, Gouverneur de la ville, de faire exhausser cette tour, qui en effet étoit trop basse. Cette augmentation est sensible, & doit s'estimer depuis le cordon qui la partage.

1536. Précautions contre les Flamans.

On s'occupoit en même tems à mettre la ville en sûreté. La guerre s'étant rallumée entre le Roi de France & l'Empereur, le bruit courut que les Flamans équipoient une flotte, pour descendre au pays de Caux, & venir attaquer le Havre de Grace, qui, par sa nouveauté, n'avoit encore que peu de fortifications, & à peine étoit fermé de murailles. Le Capitaine de la ville pour prévenir le danger, & mettre sa place à couvert de l'insulte des ennemis, fit élever sur le perré, près du port aux bateaux, trois terrasses à quelque distance l'une de l'autre, & fit mettre sur chacun de ces forts, trois piéces de canon. Ces précautions furent inutiles, car la flotte qu'on appréhendoit, s'arrêta en Picardie. Mais il parut une autre flotte de navires François chargés de sel, qui causerent une terrible allarme. M. de la Maillereye en ayant été averti par le Guet de Sainte Adresse, envoya faire sonner le tocsin sur le champ par toutes les paroisses, jusqu'à Caudebec. A ce bruit effrayant s'assemblerent au Havre plus de quinze mille hommes, tant nobles que paysans, dès le soir de la même journée, pour prendre les ordres du Gouverneur. On les congédia dès qu'on eut découvert quelle étoit cette flotte.

Le Roi d'Ecosse arrive au Havre.

1536. Cette même année Jacques V. Roi d'Ecosse, dans la vue de resserrer de plus en plus les nœuds de l'ancienne alliance de sa Couronne avec celle de France, descendit au Havre de Grace avec plusieurs galions, accompagné d'un grand nombre de Seigneurs, pour amener au Roi un renfort de seize mille hommes, sans qu'il en eût été requis, & seulement sur le bruit de l'irruption de l'Empereur. Ce ne fut qu'après avoir essuyé les plus horribles tempêtes, & couru les plus grands dangers, qu'il arriva en ce port. Le Roi de France trouva cette action si belle & si généreuse, qu'il donna à ce Prince pour épouse, Madeleine sa fille aînée. La Princesse étant morte dans la même année, Jacques Stuart épousa en secondes nôces Marie de Lorraine, fille de Claude, premier Duc de Guise, & veuve de Louis d'Orleans, Duc de Longueville. Ce fut au Havre que ce Prince voulut se rembarquer pour retourner en son pays, emmenant avec lui deux hommes de chaque métier, & les instrumens propres à la culture des terres. Le pays d'Ecosse d'Ecosse étoit mal dressé, & avoit besoin du secours des arts pour bien des choses. Ces Artistes dont le Roi de France faisoit présent au Roi d'Ecosse, parurent au Havre habillés de diverses couleurs, & partirent avec leurs femmes & leurs enfans pour ce royaume.

1541. *Le Roi saisit en sa main le territoire de la ville du Havre.*

Le Fondateur du Havre résolut enfin de s'approprier le territoire de la ville, pour être l'unique Seigneur de cette place importante, & supprima, avec tous les droits, les rentes qu'en percevoit le Seigneur de Graville. Ensuite il augmenta la ville, c'est-à-dire il fit bâtir dans le quartier des Bares, qui étant jusqu'alors peu habité, n'en étoit, à proprement parler, que le fauxbourg. Il paroît cependant qu'il étoit clos du côté de Leure, où il y avoit une porte avec un pont qui menoit à ce village. Ce quartier comprenoit l'emplacement de la citadelle, comme on a déja dit, & s'appelloit le quartier des Bares, parce qu'il avoit quantité de fosses, ou d'intervalles profonds où venoit se jetter le flux de la mer. On avoit pratiqué sur toutes ces criques des ponts pour les traverser.

Les barres ou barriéres dont quelques-uns accompagnent ces ponts pour la sûreté des passans, sont de leur seule imagination. L'Auteur des mémoires écrit toujours bares, quoique dans le sens même où je prends ce mot, on puisse aussi l'écrire d'une autre maniere. La notion commune de bare, n'est autre chose qu'un canal entre deux terres, où le flux de la mer se jette en arrivant, & qu'il abandonne, quand les eaux baissent. C'est en latin (*æstuarium.*) Dans ce sens très-naturel, le quartier aura pris son nom de la chose principale, au lieu que dans le sens de barrieres, il ne l'auroit pris que de l'accessoire. C'est de cette façon d'entendre les bares, comme je les explique, qu'on appelle encore ainsi dans ce pays, les lieux où l'on fait entrer les eaux de la mer, qu'on lâche ensuite avec impétuosité dans le port, afin de le nettoyer, quand la mer est basse.

Cette augmentation de la ville fut peuplée par une partie des habitans des paroisses de la Vicomté de Caudebec, & de celle de Montivilliers, qui étoient attirés au Havre par les nombreux priviléges. Jerôme Bellarmato, Gentilhomme Italien, fut chargé d'en fieffer les places, & d'en alligner les rues. On ne peut savoir quelle fut la distribution de celles qui formoient la partie du quartier des Bares, au midi de la crique; elles ne subsistent plus. Mais pour celles de la partie qui regardoit le nord, endeçà de la crique, (c'est aujourd'hui le quartier de Saint François) on peut dire que cet Ingénieur y réussit parfaitement; cette distribution étant beaucoup plus belle & plus réguliere que celle du quartier de Notre-Dame. Il avoit eu le dessein de pratiquer sous ces rues des aqueducs à la maniere d'Italie, pour conduire au port les eaux superflues; cela ne fut point exécuté; mais on y est revenu par la suite, & l'on a fait des égoûts souterreins, qui ont dans les carrefours une ouverture pour recevoir les immondices. Il arriva pendant qu'on allignoit les rues, un accident qui se renouvella plusieurs fois dans la suite : le feu consuma deux grandes galeres près de la pointe Gavelier, la Réale & une autre, qui appartenoient au Roi. Toutes deux chargées d'une quantité d'artillerie de fonte, étoient prêtes à partir.

Voilà donc le Havre, par cette augmentation, composé de deux grands quartiers, le quartier de Notre-Dame, & le quartier des Bares. Mais il y avoit dans l'enceinte de la ville un troisiéme quartier, dit de Percanville, qui avoit été démembré du fief de Leure, au-dessus du bastion des Capucins. Il étoit bordé de la grande crique, qui le divisoit d'avec la partie du quartier des Bares la moins peuplée, où est aujourd'hui la citadelle. Ce nombre de trois quartiers est certain, par une tradition expliquée au Havre au sujet des fiesses en 1604, & par les ruines qui subsistent encore. Ceux qui expliquerent cette tradition, pouvoient fort bien avoir vû la premiere enceinte, puisque la diminution ne s'en étoit faite, comme on verra, qu'en 1551, sous le regne de Henri II. Selon le témoignage de ces anciens, ces trois quartiers ne furent fermés d'abord que par un fossé, ils furent peuplés successivement, & le quartier de Percanville ayant été retranché totalement, avec la moitié du quartier des Bares sous Henri II, les malsons en subsisterent encore jusqu'au siège de la ville, après lequel on les démolit, à l'exception d'un grand manoir, dont les Gouverneurs firent un lieu de plaisance. Pour celles du quartier des Bares, elles ont subsisté jusqu'à la fondation de la seconde citadelle. M. de Maceille ne contredit point cette tradition de trois quartiers, puisqu'il dit formellement que le Roi Charles IX. fieffa à M. de Sarlabos, Gouverneur, trente-quatre acres du retranchement de la ville. C'étoit sans doute la ferme de Percanville, puisqu'on voyoit encore en 1688, les armoiries de ce Seigneur sur la principale porte.

1544. On équipe une grande flotte au Havre de Grace.

Le Roi d'Angleterre Henri VIII. étoit irrité que la France eût renouvellé son alliance avec l'Ecosse. Pour s'en venger, il rompit avec le Roi, & se raccommoda avec l'Empereur au commencement de l'année 1543. François I. appréhendant les suites de cette réunion, & voyant que l'Anglois s'étoit déja emparé de Boulogne, résolut, au mois de

Janvier de l'année suivante, d'équiper dans son Havre une grande flotte. Afin d'assembler cette armée navale qu'il vouloit opposer aux Anglois, il fit partir pour la Provence le Baron de la Garde, avec ordre de lui amener vingt-cinq ou vingt-six galères de la Méditerranée, en la mer Océane, & huit ou dix carraques Génoises. Mais les carraques arriverent trop tard pour être utiles, & il s'en perdit plusieurs à l'embouchure de la Seine, faute de Pilotes qui connussent le pays. Le reste de la flotte consistoit en cent cinquante gros vaisseaux ronds, & soixante flouins qui furent assemblés dans les meilleurs ports de la côte de Normandie, c'est-à-dire, Honfleur, Harfleur, Dieppe, &c. Mais le Roi voulut que l'embarquement des Gens de guerre se fît au Havre, où étoit la réunion de tous les navires, pour aller dans le même ordre & sous la conduite du même Chef, l'Amiral d'Annebaut. Le Roi s'y rendit de bonne heure, & vit arriver les galères. Cet armement fut prêt au commencement de Juillet 1545, & la flotte sortit du port le 6 de ce mois, pour gagner la rade, composée de tant de navires grands & petits, que la mer en fut couverte jufqu'à plus d'une lieuë. On l'appella la grande Armée, & c'étoit la plus belle qu'on eût encore vûe fur cette mer.

Pour la contempler à fon aife, le Roi monta fur le chef de Caux, où l'on avoit fait un cabinet de verdure qui pût le garantir des ardeurs du foleil. Mais quelques Ramberges ennemies s'étant approchées de la côte, tirerent auffitôt vers la feüillée plufieurs volées de canon. Le Roi fe retira dans la ville, & après quelque tems de féjour, il fe rendit à la flotte. Mais un accident terrible altéra bientôt la joie qu'il avoit du bel ordre de cette armée. Il donnoit aux Dames de fa Cour un magnifique régal dans le vaiffeau qu'on appelloit le Philippe. Cette carraque, comme on difoit alors, étoit le plus beau navire & le meilleur voilier de notre Océan, du port de 1200 tonneaux, armé de 100 groffes piéces d'artillerie de bronze. Philippe Chabot, Amiral, l'avoit fait conftruire au Havre de Grace, pour en faire préfent à Sa Majefté. Tandis qu'on fe livroit à la joie avec un peu trop de chaleur, les

Cuisiniers firent si grand feu, qu'il prit au navire, & l'embrasement fut tout d'un coup si considérable, qu'il ne fut pas possible de l'éteindre. Ainsi le Roi, l'Amiral, le Capitaine Mormoulins, la Noblesse, & l'équipage, descendirent dans les galeres. Cependant pour éviter les maux que pouvoit faire l'artillerie, lorsque le feu viendroit à l'atteindre, l'Amiral fit remorquer le Carraquon par les galeres qui le menerent à la fosse du Hoc, une lieue au-dessus du Havre. Mais comme ceux qui étoient restés dedans, se jettoient en foule dans les petits bateaux qui étoient à sa suite, ils les firent plonger, & périrent tous avec de grandes richesses. Peu s'en fallut que l'argent du Roi ne restât au milieu des flammes qui se communiquerent enfin aux trois rangs de batterie. Il se fit alors un si grand fracas, que tout ce qui étoit aux environs, fut mis en pièces. Il ne resta du vaisseau que la quille, & l'on regarda cet évenement comme un mauvais augure pour l'entreprise.

La flotte arrive devant l'Angleterre.

Cependant l'Amiral monta sur la

Maîtresse, second navire de la flotte, commandé par M. de la Mailleraye, Vice-Amiral & Gouverneur du Havre. On leva les ancres quelques jours après, & l'on fit voile du côté d'Angleterre. Mais on fut obligé de renvoyer au port le navire la Maîtresse, parce qu'ayant touché au sortir de Honfleur, il faisoit eau de tous côtés. On avoit dessein de livrer bataille, & selon le succès, de faire des descentes dans le pays; mais ce grand armement ne fit presqu'aucune chose. Quelques Officiers mirent pied à terre, particulierement le Chevalier d'Aux, Capitaine des Galeres de Normandie, homme très-exprimenté dans les armes, & qui fut tué par les soldats d'une Garnison (a). Le gros de la flotte tourna du côté de Portsmouth, où étoit celle des Anglois. Pour l'attirer au large, nos galeres commencerent à escarmoucher, & à la faveur du calme de la mer, fatiguerent extrêmement les vaisseaux Anglois, qui faute de vent demeuroient sous les coups de notre artillerie. Ainsi

(a) On rapporta son corps dans un cercueil de plomb, & il fut inhumé dans une des Chapelles de l'Eglise d'Harfleur.

la Marie-Roze, un de leurs principaux navires, fut coulée à fond avec perte de plus de cinq cens hommes. Le vaisseau de l'Amiral alloit subir le même sort, mais il fut secouru par d'autres navires, & le tems qui vint à changer, arrêta le cours de cette victoire. Ne pouvant point les obliger à une action générale, on tourna vers l'Isle de Wigth, où descendit l'Amiral avec quelques troupes; mais il se contenta de ravager la côte, sous les yeux mêmes du Roi présent à Portsmouth, & dans la crainte des embûches, il revint à la flotte.

Cependant le but de cette armée, étant de combattre en pleine mer, & d'empêcher les Anglois de secourir Boulogne, on retourna du côté de la Picardie dans le dessein de bloquer cette place. A peine eut-on gagné la rade, qu'il s'éleve un vent d'ouest qui contraint la flotte de s'écarter vers l'Angleterre. Les ennemis que ce vent favorise, abordent à pleines voiles avec environ cent navires. Mais le lendemain le vent s'appaise, & les uns & les autres voulant prendre le dessus, font réciproquement une décharge d'artillerie. Enfin nos vaisseaux aidés par les courans, ont tout l'avantage. L'Anglois le voit & regagne son isle, où nos vaisseaux le chassent, & où le porte la marée. L'Amiral François fit route aussi-tôt vers le Havre de Grace, pour rafraîchir ses troupes & mettre à terre grand nombre de malades. Ensuite il s'embarqua sur une galere pour aller à Arques joindre le Roi. Cette expédition navale fut la seule de ce regne, & l'on retira du moins de cette grande dépense un accord de paix qui fut conclu le 7 de Juin 1546, & rompu presqu'aussitôt par la mort des deux Rois, arrivée au commencement de l'année suivante.

François I. fut un Prince vaillant & magnanime, qui eut toutes les qualités qu'on peut souhaiter dans un grand Roi. Il honora les Sçavans, mérita le glorieux titre de Restaurateur des Lettres, aima ses Sujets, & combla de faveurs sa ville du Havre.

HENRI II.

1548. Henri II. fils & successeur de François I. également affectionné à la ville du Havre, pour premier bienfait en fit paver les rues, dont les ordures &

les eaux croupissantes, outre l'incommodité pour les passans, avoient causé dans le pays plusieurs maladies, & même la peste. Ce fut en 1548 que s'en fit le pavement, sous l'inspection du Comte de Refuge, qui le fit achever dans le courant de la même année.

1549. *Le Roi vient au Havre avec la Reine.*

L'année suivante, le Roi & la Reine firent leur entrée au Havre dans le mois d'Octobre. Henri II. revenoit de devant Boulogne qu'on avoit bloqué par mer & par terre. On assembla huit cens jeunes hommes d'élite, qu'on revêtit d'habits noirs chamarrés de blanc, (cette bigarrure plaisoit au Roi) pour aller au-devant de Leurs Majestés. Ils étoient conduits par deux Officiers de la ville, précédés de drapeaux noirs & blancs, & munis d'arquebuses pour faire une décharge. Le Roi les reçut avec bonté & même avec joie, & s'avança jusqu'à la porte du Perré, où M. de la Mailleraye l'attendoit à cheval. Ce Gouverneur lui ayant présenté à genoux les clefs de la ville dans une bourse de velours, le Roi les toucha, & les rendit aussitôt. Après la harangue qui lui fut faite, on le conduisit à l'Hôtel de Ville sous un poële de velours porté par les Notables, & il y fut suivi de la Reine, qui s'avança sous un dais de diverses couleurs, que portoient les Elûs de la ville.

Pour divertir le Roi pendant son séjour, on lui éleva deux grandes butes où il s'exerçoit à tirer de l'arc avec les Princes. Comme il tiroit le dernier, & qu'on couroit en foule du côté des butes pour y voir l'effet du coup, il blessa à l'épaule un Capitaine Allemand, ce qui lui fit beaucoup de peine. Tandis qu'on étoit fort animé, le troisiéme jour, à cet exercice, le coup de canon d'un vaisseau qui arrivoit à la rade, fit quitter la partie. Le Roi, suivi des Seigneurs, courut aussitôt sur la jettée pour le voir entrer, & se fit apporter des manteaux & des robbes fourrées pour se garantir des vagues. Mais cette précaution fut assez inutile; car comme ils voltigeoient sans cesse d'un bout de la digue à l'autre, la mer impetueuse qui s'élançoit dessus, les mouilla tellement, que le Roi se plaignit de l'incommodité de ce lieu, ajoutant qu'il craignoit que les Habitans ne fussent encore une fois submergés, & il s'en informoit en plaisantant, toutes les fois qu'il voyoit à la Cour le Syndic de la ville.

La Reine d'Ecosse arrive au Havre.

Quelque tems après ce voyage du Roi, arriva dans ce port la Reine douairiere d'Ecosse, avec grand nombre de Seigneurs & de Dames qui s'étoient embarqués dans la galere de Leon Strozzi, Chevalier de Malthe, qui avoit amené en France, une année auparavant, la jeune Reine d'Ecosse Marie Stuart. On fut la recevoir à son débarquement, & on la conduisit à l'Hôtel-de-Ville. Elle partit dès le lendemain pour se rendre à la Cour, & elle y fut conduite par les Cardinaux de Lorraine & de Guise, le Duc de Guise, & autres Princes de son Sang qui l'étoient venus joindre à deux lieuës du Havre.

Leon Strozzi, qu'on appelloit le Prieur de Capoue, étoit parti du Havre avec une armée qui avoit eu sur les Anglois plusieurs avantages dans un combat.

1551-2. *Jurisdictions du Havre de Grace.*

En l'année 1551, nouveau style 1552, le Roi accorda à la ville du Havre de nouvelles faveurs qui s'accrurent encore les années suivantes. A la requête des Habitans de la ville, le Roi y créa des jurisdictions de toute espece, tant au civil, qu'au criminel; 1°. de Bailliage & de Vicomté, avec les mêmes droits précisément & les mêmes prérogatives que celles de la ville de Montivilliers. Par un Edit du mois de Février donné à Villers-Cotterets, l'on démembra de son ressort six Paroisses voisines du Havre, pour les soumettre à cette nouvelle justice; sçavoir, Ingoville, Saint Denys chef de Caux, Bléville, Grayille, Sanvic, & Leure.

Montivilliers par cet Edit ne conserve ni droit, ni autorité sur ces nouveaux siéges qui n'ont plus avec lui rien de commun, les appels se relevant au Présidial de Caudebec, pour les causes de peu de frais, & pour les causes majeures, au Parlement de Rouen. Les six Paroisses sont tenues d'y venir plaider pour toutes sortes de causes, avec cette différence, qu'Ingoville, Sanvic, & Graville, qui ont pour Juge le Bailly-Vicomtal de Graville en premiere instance, ne vont que par appel au Bailliage Royal du Havre de Grace. La jurisdiction pour les causes de la taille des mêmes Paroisses fut aussi donnée à la ville du Havre. Mais les Elûs de la Vicomté de Montivilliers étoient obligés de venir l'y exercer. Cependant on ne les y a jamais contraints, dans la crainte que cet exercice ne devînt préjudiciable aux franchises du lieu. Les lettres patentes de ces érections furent enregistrées au Parlement de Rouen, & selon leur adresse à Montivilliers; & les premieres assises des Juges du Havre furent marquées au 23 de Septembre de l'année qui suivit leur établissement. Maître Robert Hacquet fut pourvû par le Roi de la Charge de Lieutenant du grand Bailly de Caux, qu'il exerça jusqu'à l'année 1561. Alors ayant été assassiné par des voleurs, en revenant de la Cour, l'Office vacqua jusqu'à l'année 1572, où Polidamas son fils aîné en fut revêtu.

1556. Le Roi établit encore un siége d'Amirauté, & un Lieutenant pour en exercer la jurisdiction; & de plus un Procureur

cureur du Roi, qui seroit associé & uni avec tous ces Juges. Pierre Deschamps, Procureur du Roi aux siéges de Montivilliers & du Havre, résigna à M. de Maceille la branche de cet office, pour les siéges du Havre. Ils avoient obtenu un Arrêt du Conseil pour en faire le partage, & rendre cette charge héréditaire: les lettres de provision furent insérées au Havre dans les regiſtres, par acte des Assises, le 28 de Septembre 1556. Il paroît donc qu'il n'y eut alors qu'un seul Procureur du Roi pour toutes les jurisdictions de la ville du Havre, mais par la suite on augmenta le nombre de leurs Officiers, comme nous allons le faire voir.

Les jurisdictions que nous venons d'expliquer, s'exerçoient comme aujourd'hui le mardi & le vendredi, dans un grand bâtiment qu'on appelle le Prétoire, dont la partie basse servoit alors de boucherie & de halle, & ne fut ensuite employée qu'à garder la toile & le lin, la halle ayant été transportée ailleurs. On serroit aussi dans la partie haute le surplus des bleds, du vin, du sel, & des autres provisions qu'achetoit la ville. Mais la chambre du Conseil fut dès les commencemens ornée de grands tableaux, par les soins de Polidamas Hacquet, Juge du Bailliage. Ce Prétoire qui étoit informe & caduque, a été démoli ces dernieres années, & l'on a construit un édifice en pierres de taille, qui fait une belle perspective à la tête du marché.

Le corps de ville a été composé pendant quelque tems d'un Maire & de quatre Echevins. Mais la ville a acheté la charge du Maire, & ce sont maintenant les quatre Echevins qui l'exercent ensemble. Ainsi la police qui des Echevins avoit passé au Bailliage, est revenue en partie à l'Hôtel de ville par un accommodement avec le Juge qui l'avoit acquise; & les Echevins sont Lieutenans généraux de cette police qui se tient tous les samedis matin dans une salle séparée au Prétoire, & dont on n'appelle pour les choses de quelque importance, qu'au Parlement de la province.

Officiers de la ville du Havre.

On peut compter parmi les différens Officiers de la ville, le Gouverneur, un Lieutenant Général pour la province du

Havre, & un Lieutenant de Roi pour les ville & citadelle, qui n'a été créé, dit-on, qu'en l'année 1692. Autrefois le Gouverneur de cette place n'avoit qu'un Lieutenant Particulier, qu'il choisissoit lui-même avec l'agrément de la Cour. On peut compter quatre Echevins, le Procureur-Syndic, le Greffier, les douze Quarteniers. Dans le Bailliage un Lieutenant Civil & Criminel, deux Conseillers-Assesseurs, un Procureur du Roi, deux Avocats du Roi, un Greffier en titre. Il y avoit pour la Vicomté, le Vicomte, un Lieutenant Général, un Lieutenant Particulier, un Procureur du Roi, deux Avocats du Roi, un Greffier en titre. Cette jurisdiction a été réunie au Bailliage en l'année 1742. En l'Amirauté un Lieutenant Général, un Lieutenant Particulier, un Procureur du Roi, un Avocat du Roi, & un Greffier en titre. Le Greffe est à M. l'Amiral qui y commet, & on appelle à la Table de Marbre du Palais de Rouen, & de-là au Parlement de la même ville; de plus, des Sergens Royaux & des Gardes pour les différens siéges. Dans la jurisdiction de grenier à sel, un Président, un Procureur du Roi, un Contrôleur, un

Receveur, deux Mesureurs, un Greffier en titre, & quelques Sergens. Il paroît par une ancienne Requête des Marguilliers de Notre-Dame aux Officiers de cette jurisdiction (qui n'avoit alors qu'un Grainetier & un Contrôleur), qu'elle étoit établie dès l'année 1569; d'autres la font encore plus ancienne, & prétendent que c'est à raison de sa plus grande ancienneté, que ses Officiers veulent avoir le pas sur ceux de l'Amirauté dans les cérémonies; mais comme cette ancienneté surpasseroit celle de toutes les jurisdictions de la ville du Havre, je ne vois pas pourquoi elle ne dispute aussi le pas aux autres jurisdictions.

On peut compter encore le Gouverneur ou Commandant de la grosse Tour, subordonné au Gouverneur de la ville, & qui a brevet du Roi. Il peut même donner le mot, quand le pont de la Tour est levé. On peut compter les Officiers d'une Compagnie privilégiée, un grand Major, deux Majors ou Aides-Majors, un pour la ville, l'autre pour la citadelle; le Capitaine des Portes, le Porte-clefs, quatre Compagnies de Bourgeois, dont il y a quatre Capitaines; quatre Lieutenans, quatre Enseignes. Ils sont en exercice pendant douze ans; mais il en sort un chaque année, le plus ancien Capitaine, & l'on prend un nouveau Sujet, qui devient le dernier Enseigne. Il y a des gages & des privileges pour cette Milice; mais les Offices de Quartenier étoient autrefois des Charges; la ville les a remboursées, & depuis ce tems, les Echevins sont Colonels des troupes Bourgeoises, & les drapeaux sont portés à l'Hôtel de Ville . . . . . . Il y a au Havre un Lieutenant des Maréchaux de France: il y a aussi quelquefois des troupes reglées. Pour les traites foraines dans le Bureau de la Douane ou Romaine, il y a un Juge, un Procureur du Roi, un Greffier: les appellations, comme celles du grenier à sel, à la Cour des Aydes de Rouen : Enfin, il y a les Officiers du Poids-le-Roi, dont les droits sont à M. le Prince de Condé. Il y avoit autrefois un Contrôleur des deniers communs, qui percevoit six deniers par livre sur la valeur des fermes de la ville. Robert Hacquet fut pourvû de cet office ou bénéfice en 1551, & Etienne Geffrey en 1570; mais on le supprima bientôt, & on attribua les six deniers aux Eglises de la ville ; cet office revit sans doute dans celui du Receveur des deniers patrimoniaux & d'octroi.

Et pour ne plus reprendre cette nomenclature, la marine a eu aussi grand nombre d'Officiers; un Intendant, un Commissaire, un Contrôleur, un Trésorier, &c., un Capitaine & un Lieutenant de Port, des Chefs d'Escadre, & même des Lieutenans Généraux pour commander la marine, quantité d'autres Officiers de département pour les vaisseaux du Roi, grand nombre pour les Soldats de marine, des Ingénieurs & des Officiers d'artillerie. Enfin, un Maître de Quai pour ranger les vaisseaux dans le Port Marchand.

Dénombrement des fieffes.

Dans l'intervalle de ces créations d'offices pour le Havre, le Roi voulant avoir un nouvel état des fieffes de la ville, en adressa la commission à M. de la Mailleraye, à l'Avocat du Roi au siége de Montivilliers, & à Robert Hacquet, alors Contrôleur des deniers de la ville, qui fiefferent de nouveau au profit du Roi toutes les places, selon la grandeur des rues & la situation des quartiers, après que les Bourgeois eurent fait une déclaration, tant de celles qu'ils avoient eues de leurs peres, que de celles qu'ils avoient acquises, ou prises eux-mêmes au nouveau quartier des Bares. Cette révision ne se fit point pour déposseder personne, mais pour avoir un dénombrement exact, & sçavoir au juste à combien se montoient les rentes seigneuriales. L'on trouva 534 places fieffées dans le quartier de Notre-Dame, dont l'évaluation revenoit à la somme de 69 liv. 9 s. 5 den. de rente annuelle, en y comprenant la place d'armes avec l'Hôtel de Ville, & la place du marché dit de Cannibale, ou des Cannibales, qui appartenoient toutes deux à la Communauté : la premiere fixée à 16 sols 4 d. & la seconde, à 46 s. 1 d. de rente. De tout cela, Robert Hacquet tint registre, & on en délivra deux exemplaires, dont l'un fut envoyé à Paris, en la Chambre des comptes ; & l'autre au Receveur du Domaine à Montivilliers, pour recueillir les arrérages. La ville a acquitté dans la suite pour toujours ces fieffes au Duc de Villars, à qui le Roi permettoit de les recevoir.

1551. *Diminution de la ville du Havre.*

Environ ce tems-là, soit que les Habitans ne se fussent pas assez multipliés dans la ville du Havre, soit qu'il parût trop difficile ou trop dispendieux, d'en entretenir les fortifications, le Roi Henri II. fit retrancher plus de la moitié de son enceinte, & en sépara, outre le quartier de Percanville tout entier, une grande partie de celui des Bares, depuis la porte de Leure jusqu'aux environs de la jettée du sud où finissoit cette partie; c'est-à-dire, tout l'espace en-delà des chemins couverts de la citadelle, depuis le fer à cheval de la grande bare & même au-dessus, jusqu'au fer à cheval qui regarde la pointe. Ce retranchement n'étoit encore fermé en 1594, que par un mur de terre, & par cette séparation, l'ancienne crique qui faisoit un détour vers l'endroit du quartier des Bares où la jettée du sud-est lui servoit de clôture, pour se rendre à la mer entre les deux digues, se trouva hors du port & du sein de la ville. C'est cette premiere disposition qu'on qu'on doit appeller l'ancien Havre. Les ruines nombreuses que l'on trouvoit autrefois dans la partie des Bares où est aujourd'hui la citadelle, étoient sans doute le reste des quais ou des murailles qui regnoient le long de la crique; & le grand fort de Leure que releverent les Anglois, lorsqu'ils eurent le Havre, & dont on voit encore quelque vestige, ne pouvoit être qu'une fortification destinée à couvrir la porte de Leure, & la tête de cette crique. Voilà les conjectures qui m'ont paru les plus naturelles & les plus raisonnables à l'égard de l'ancienne forme de la ville, sur laquelle on ne nous a rien laissé de clair ni de précis, tandis qu'on s'étend sur des choses qui n'intéressent pas la curiosité. Nous ne pouvons pareillement assurer en quel tems on forma le second bras du port qui divise à présent la ville. Peut-être perfectionna-t-on alors cette ligne; car il paroît quelques années après, qu'il y avoit aussi un petit bassin au-delà du pont, où les vaisseaux se retiroient après leurs voyages. On y voyoit de chaque côté quelques cafés, que la ville louoit à son profit, & elles ont subsisté jusqu'à ce qu'on ait fait très-long-tems après; d'un côté, un petit cours pour la promenade; & de l'autre, un corps de garde pour les Soldats de marine.

Vaisseaux du Roi dans le port du Havre.

Ce fut au reste dans ce port assez grand, des plus beaux & des plus commodes de la France, que l'on équipa dès les premiers tems toutes les flottes, soit pour nos intérêts contre l'Angleterre, soit en faveur de l'Ecosse, soit pour tout autre dessein. Les vaisseaux de Roi & les autres de quelque importance, y furent toujours construits & armés : Henri II. y tenoit ordinairement douze grands vaisseaux pour défendre & tenir en sûreté la côte de Normandie; de manière que le Baron de la Garde, Général des Galeres, en deux voyages qu'il fit avec ces vaisseaux pendant la guerre qui s'étoit renouvellée entre la France & l'Empire, eut le bonheur (1553) de prendre trente-six navires Flamands, fort richement chargés, qu'il amena au Havre de Grace, & dont il fit vendre les marchandises pendant trois mois consécutifs. Cette même année mourut l'Amiral d'Annebaut, qui eut pour successeur dans cette grande charge, Gaspard de Coligny-Châtillon, qui fut dans la suite Gouverneur du Havre de Grace, le Chef & comme l'ame des Protestans de ce Royaume.

Ecluses.

M. de la Mailleraye qui commandoit encore alors dans la ville du Havre, fit faire deux écluses; l'une, dans le massif de la jettée du nord, au-dessous de la grosse tour, & l'autre, auprès du boulevard de S. Michel ou de la Musique, pour nettoyer le bassin & le port. André de Brancas, connu depuis sous le nom de l'Amiral de Villars, de la Maison d'Oyse en Provence, en fit faire une troisiéme sur la jettée du sud, auprès d'une tour qu'on appella de son nom, la tour d'Oyse. On a détruit cette tour, & augmenté l'écluse.

Fontaines.

On ne négligea point dans cette ville une chose essentielle, l'introduction des plus belles eaux que fournissoit le voisinage. Il y avoit dès ce tems-là les fontaines du marché, de la place d'armes, du quartier des Bares où descendoit l'eau de Trigauville par un long canal; celles du vivier, du cimetiere de Notre-Dame, & de la grosse tour. Le Seigneur du demi-fief de Vitanval assis sur la Paroisse de chef de Caux, qu'on appelle Sainte Adresse, parce qu'elle guide les vaisseaux qui cherchent la rade, s'étant plaint que le détour des eaux pour les fontaines du Havre, empêchoit d'aller son moulin à eau, les Bourgeois s'unirent pour le dédommager par une grande somme. Sur le penchant de la Falaise qui est ruinée, on voit quelques restes que ceux du pays m'ont dit être, selon la tradition de leurs peres, des morceaux de cet ancien moulin.

Fortifications.

On peut remarquer ici qu'il y avoit alors, outre les trois portes d'Ingoville, du Perré & de Leure, plusieurs boulevards autour de la place; sçavoir, le bastion de Sainte Adresse, qu'on appelloit le grand bastion; le bastion de Sainte Croix ou de la Musique, à cause de l'écho qu'on y entend; le bastion de l'Hôpital, à présent des Capucins, que peut-être le Roi fit construire, après avoir fixé l'étendue de la place; un boulevard près de la fontaine des Barés & de la porte de Leure, & un autre boulevard entre la porte de Leure & la jettée du sud aux environs de la tour d'Oyse, qui doit être certainement cet ouvrage, qu'on appelle fer à cheval; mais le précédent ne peut être le fer à cheval qu'on voit aujourd'hui dans le bassin de la grande Bare, ce bassin n'existant point alors. Peut-être étoit-ce une fortification à l'endroit du retranchement de l'ancienne ville. Enfin, il y avoit la terrasse qui joignoit la tour & la muraille des Perrés.

Eglise de Saint François.

François I. avoit aggrandi, ou plutôt rebâti l'Eglise de Notre-Dame. Henri II. son fils, fit construire en mémoire du fondateur de la ville, l'Eglise de S. François, apparemment de Saint François de Paule, dont le culte étoit alors fort célébre en France. Mais comme il concourt assez ordinairement avec les fêtes de Pâques, on a pris pour Patron Saint François d'Assise. Il paroît par une ancienne charte de la confrairie de S. Fiacre, que les statuts en furent approuvés dès le mois d'Août de l'année 1554, par le Cardinal de Vendôme, Archevêque de Rouen ; d'où l'on peut inférer que l'Eglise fut bâtie vers ce tems-là. Elle ne fut pas tout d'un coup achevée, & l'on y a travaillé à diverses reprises, de même qu'à l'édifice de Notre-Dame, de maniere que le tout n'a été parfait qu'en l'année 1681. Deux ans après (1556) le Roi fit construire un hôpital à l'extrêmité de la ville, où sont maintenant les PP. Capucins.

1557. La guerre s'étant rallumée entre la France & l'Espagne, le Roi fit venir au Havre quatre compagnies d'Allemands, de quatre cens hommes chacune, qui camperent sur la Paroisse d'Ingoville près de deux ans, c'est-à-dire, jusqu'à la paix des deux Couronnes en 1559. Les Anglois avoient pris la querelle du mari de leur Reine (Philippe II.) Elle mourut le 15 de Novembre 1558, & Elisabeth, qui lui succeda, accéda au traité de ces deux Puissances. Mais au mois de Juillet 1559, la mort tragique de Henri II. répandit le deuil dans toute la France. Il avoit contraint le Comte de Montgommery de rompre une lance contre lui, dans un tournoi. Le tronçon de cette lance l'atteignit à l'œil, & lui ôta la vie. C'est un des principaux bienfaicteurs de la ville du Havre.

FRANÇOIS II.

1559. Le regne de François II. l'aîné de ses fils, fut fort court, & ne se passa pas néanmoins sans de grands troubles. Ce Prince, résolu de dresser une puissante armée à la côte de Normandie, fit venir en cette province quantité de vaisseaux dès les premiers mois de son regne. C'étoit apparemment pour porter en Ecosse trois mille hommes qu'on envoyoit à Marie Stuart, épouse du Roi, contre le rébelles de ce royaume.

Vaisseaux mandés au Havre de Grace.

1560. La France étoit encore plus agitée. La Reine-Mere (Catherine de Médicis) pour se ménager entre les deux partis qui la divisoient, & les faire servir au pouvoir dont elle étoit jalouse, avoit pris soin d'empêcher qu'on n'inquiétât l'Amiral de Coligni, au sujet de la conspiration d'Amboise. Elle fit même donner à cet Amiral la commission de venir en Normandie pour en appaiser les troubles. Mais au lieu d'y remédier de bonne foi, il y favorisa le parti des Religionnaires qui tinrent publiquement leurs prêches au Havre de Grace, à Dieppe, Caen, &c. à l'ombre de l'autorité qu'il avoit dans ces villes comme Amiral de France. (a) Il parut cependant obéir, & se prêter aux vues de la Reine; car il envoya par des lettres datées du Havre de Grace, le 4 de Juillet 1560, selon quelques mémoires de la marine, chercher des vaisseaux par tous les ports de Normandie, pour transporter des vivres dans l'Ecosse.

(a) Dès 1555, il avoit obtenu de Henri II, deux vaisseaux de guerre, qu'il avoit fait partir du Havre, pour le commerce de l'Amérique méridionale, sous la conduite du Chevalier de Villegaignon; mais en effet, pour y former un établissement en faveur des Religionnaires de France: ce projet échoua par la division qui se mit entr'eux, & une partie revint bientôt en France dans un navire du Havre. Villegaignon qui s'étoit fait Catholique, revint aussi lui-même, & écrivit contr'eux.

CHARLES IX.

1561. Au commencement de ce regne l'Amiral de Coligni fut mis en possession du gouvernement du Havre, par la démission de M. de la Mailleraye, qui mourut à Paris l'année suivante, & il prit pour son Lieutenant Jean de Cros ou de Crose, avec une compagnie de gens de pied, outre les cinquante archers de la ville. Ce fut sous la Lieutenance de ce de Cros en 1562, ou, selon le vieux style de la tradition du pays, 1563, après Pâques, que commencerent au Havre les séditieux mouvemens des Calvinistes. Ce qu'ils ont appellé le massacre de Vassy, ayant rendu furieux l'orgueil de ces rebelles, ils s'emparerent aussitôt d'un très-grand nombre de villes en plusieurs provinces, commettant partout mille meurtres & mille odieuses profanations. Ils avoient dessein de se retrancher au Havre de Grace, & ils comptoient tirer de son invasion les plus grands avantages pour le parti des Protestans. Leur révolte y éclata le lendemain de l'Ascension huitiéme du mois de Mai.

1562. *Les Huguenots occupent le Havre & le pillent.*

Ils commencerent par piller les églises de la ville, & celles de la campagne, détruisant les autels & les fonts baptismaux, brulant les chaires & les formes, & prenant pour se parer, les plus beaux ornemens : ils agissoient sous les auspices de Ferriére, Vidame de Chartres, qu'on appelloit aussi Maligni, un des trente Chefs de la conspiration d'Amboise, & de Beauvoir la Nocle, son beau-frere, qui s'établirent au Havre de Grace, par l'entremise des habitans Huguenots, & principalement du Lieutenant de la ville, Jean de Crose, qui leur abandonna sa tour & les autres lieux forts. Ferriére fit élever, à l'ouverture du port, cette petite tour qui subsiste encore, & qu'on appella du nom de sa dignité, *la tour Vidame*; & la Nocle usurpa le commandement de la place sur de Crose, qui fut obligé de se retirer à Rouen, auprès de Montgommery, pour défendre avec lui cette ville, contre l'armée du Roi, qui s'avançoit pour la reprendre.

Les Anglois arrivent au Havre.

Dans ces circonstances, Louis de Bourbon, Prince de Condé, pour conserver à son parti cette barriere, députa vers la Reine d'Angleterre, afin de hâter le secours qu'elle lui avoit promis, Briquemaut & le Vidame de Chartres, avec plusieurs autres. La Reine exigea une place de retraite & de sûreté pour ses troupes ; on lui en offrit deux qu'elle refusa, pour avoir le port du Havre. Les Députés se retirerent, ne pouvant consentir à livrer une frontiere de cette importance, ils repasserent en France; mais sur des ordres précis du Prince & de l'Amiral, ils retournerent en Angleterre, & convinrent avec Elisabeth, le 20 de Septembre, à Hamptoncour, qu'elle enverroit sans différer des hommes & de l'argent, & que ses troupes seroient mises en possession de la ville du Havre. En conséquence de ce traité, six mille hommes de pied avec trois cens chevaux, descendirent au Havre sous la conduite d'Ambroise de Warwick, qui devoit payer au Prince de Condé cent quarante mille écus en différens termes. Ce fut le 4 d'Octobre que ce Comte arriva au port. Il commença par faire des courses dans le pays pour le reconnoître, s'empara d'un très-grand nombre de vaisseaux en différens lieux de la Province, pour ôter aux François le moyen d'équiper une flotte, fit des détachemens, & partagea ses troupes au Havre, à Rouen & à Dieppe. Il y avoit alors six mois que les Religionnaires avoient chassé les Catholiques du Havre, leur feu se ranima à l'arrivée des Anglois, qu'ils appellerent leurs bons amis & leurs cousins. Ceux-ci dans l'intention de rendre les abords plus difficiles, ouvrirent plusieurs fossés autour de la place, abattirent l'église & la plûpart des maisons du village de Leure, mais ils en haufferent le fort.

Dans ces entrefaires, les assiégés de Rouen demanderent du secours aux Anglois de Dieppe & du Havre; ceux de Dieppe furent coupés en route, & ne purent arriver; ceux du Havre plus heureux, après avoir essuyé le canon de Harfleur & de Quillebœuf, & forcé l'estacade de Caudebec qui leur fermoit le passage, entrerent dans la ville. Ce renfort ne put empêcher qu'elle ne fût prise ; & quelques Officiers, parmi lesquels étoit Jean de Crose, qui avoit livré le Havre, furent exécutés. Le Comte de Montgommery se retira dans une galere qu'il tenoit prête au port, avec quelques-uns de ses amis, malgré les coups de canon qu'on leur tiroit des bords de la riviere, & après avoir franchi à force de rames l'estacade de Caudebec, il arriva au Havre de Grace.

Le Comte Rhingrave étoit parti avec ses Allemands, pour se rendre aux environs de cette place, afin de la bloquer, & de couvrir le pays de Caux, où les Anglois faisoient des courses. On lui joignit quelques Compagnies Françoises avec environ trois cens chevaux. Les Anglois firent sur ces troupes de furieuses sorties ; mais malgré la répétition de ces attaques, elles conserverent leur position dans la plaine du côté de Leure. Castelnau, brave Officier & très-attaché au Roi son Maître, avoit prévenu l'arrivée de ce Comte bien avant le siége de Rouen, ayant été amené au Havre prisonnier des Religionnaires, & il avoit profité des intelligences qu'il s'étoit ménagées dans cette ville, pour découvrir leurs secrets, il avoit même fait à la Cour, de la part des Chefs, plusieurs voyages, & la Cour l'avoit chargé de leur faire différentes propositions, pour empêcher qu'ils n'attiraſſent l'Etranger dans le royaume : mais ces négociations avoient été inutiles, parce que les demandes des Proteſtans étoient déraiſonnables, & au retour d'un de ſes voyages il trouva les Anglois en poſſeſſion de la ville.

Cependant, le Duc de Guiſe ayant été aſſaſſiné au ſiége d'Orléans par un Gentilhomme Huguenot, on fit la paix avec les Religionnaires, & on leur accorda la liberté de conſcience. Mais il falloit reprendre le Havre de Grace qu'ils avoient livré à Eliſabeth, & dont les vaiſſeaux auroient gêné la navigation de la manche & le cours de la Seine, outre qu'il eût été une retraite toujours ouverte à la ſédition, par des communications faciles avec l'Angleterre. Au bruit de ce deſſein les Anglois chaſſerent les Huguenots du ſein de la ville, dès le commencement du mois de Mai. D'autres ont dit qu'ils les avoient chaſſés dès le premier jour de leur arrivée, ce qui n'eſt point vraiſemblable. La Reine d'Angleterre fut allarmée de la résolution de la Cour, mais elle s'imagina qu'à raison des apprêts qu'il falloit faire, on ne pourroit y conduire l'armée du Roi qu'après la récolte. C'eût été pour elle un grand avantage, parce que la mer qui croît alors considérablement, auroit occupé toutes les avenues de cette place, qui paroissoit imprenable de sa nature, étant située dans des marais, & n'étant commandée d'aucune hauteur, (qui soit voisine, & d'où l'on puisse battre en bréche) avec d'aussi bons remparts qu'en puisse avoir aucune place, munie d'ailleurs de poudre, de bales, & de plus de deux mille piéces d'artillerie, capables de résister à toutes les forces de l'Europe, défendue enfin par six à sept mille hommes choisis sur toute l'Angleterre. Il faut donc supposer que la Reine y envoya diligemment de nouvelles troupes; car des six mille hommes qui y étoient descendus, une partie étoit allée à Rouen, & une autre à Dieppe, d'où, peut-être, quelques-uns étoient revenus au Havre. Les histoires du tems ne nous apprennent point quand & comment ces nouvelles troupes étoient débarquées en cette ville. Mais enfin la chose étoit ainsi, puisque la garnison, au tems du siége, montoit sûrement à six mille hommes. C'est avec de si grands avantages de la nature & de l'art, que le Comte de Warwick esperoit de la défendre contre toutes les ressources de la puissance des François, outre qu'il attendoit le secours d'une armée navale qui devoit incessamment mettre à la voile.

Mais on se garda bien de s'endormir & d'user de délais dans une chose de cette importance, on précipita tout pour attaquer cette ville, & le Roi s'y achemina lui-même, vers la fin du mois de Mai, avec la Régente & les Princes. Afin de montrer combien les François étoient réunis par la paix que l'on venoit de faire, & peut-être pour indisposer la Reine d'Angleterre contre les Huguenots, dont l'ingratitude devoit certainement lui être sensible, on mena à cette expédition le Prince de Condé, avec les principaux de son parti. Mais l'Amiral de Coligni, quoiqu'il fût Gouverneur du Havre, & d'Andelot son frere, refuserent d'y prendre part. Les autres s'y porterent avec beaucoup d'ardeur, pour se laver

du

du reproche qu'on leur faisoit, d'avoir introduit l'Etranger en France. C'est à dessein de l'expulser, que Catherine de Medicis voulut terminer sa Régence par un coup d'éclat, & restituer au Royaume ce qu'on appelloit alors le boulevard de la Nation Françoise.

Les Auteurs du tems nous représentent ce siége comme un des plus mémorables dont l'Histoire fasse mention, mais leurs mémoires varient, quoique consultés les uns sur les autres, ce qui embarrasse. La plûpart attribuent la conduite du siége & tout le détail des opérations au Connétable de Montmorency, mais ils sont obligés de répéter plusieurs fois les mêmes choses. Beaucaire, Evêque de Metz, attaché au Cardinal de Lorraine, & qui ne paroît point favoriser le Connétable, en fait honneur au Maréchal de Brissac, du moins pour les premieres & les plus essentielles opérations. Au reste, les autres ne disconviennent point que ce Maréchal n'ait fait habilement les premieres dispositions du siége du Havre, & d'Aubigné convient de[...] avec Beaucaire, que le Connétable vint au camp que dans l'intention de

H

chagriner les Maréchaux de France. Le P. Daniel a suivi la relation de Castelnau, témoin oculaire, comme on vient de voir: Je préférerois celle de M. de Thou, beaucoup plus nette & plus suivie, sans redites ni contradictions. Elle est faite également sur les Auteurs contemporains & sur les actes publics. Je prendrai une route moyenne, pour donner à l'une & à l'autre de ces deux personnes (Brissac & Montmorency) ce qui me paroît leur appartenir. Ce qui m'oblige à cela, est l'autorité d'un témoin respectable, présent au siège, le Procureur du Roi de la ville du Havre, qui assure que cette affaire dura quinze jours, au lieu que les autres ne la font durer qu'une huitaine, jusqu'au moment de la dernière capitulation accordée aux Anglois. Il est donc nécessaire que M. de Brissac eût déjà fait bien des choses à l'arrivée du Connétable.

Siége du Havre.

Avant que de faire aucune attaque, un Trompette fut sommer de la part du Roi, le Comte de Warwick, de rendre la place. Il répondit qu'il falloit rendre Calais, & qu'il ne pouvoit traiter de la reddition du Havre, qu'on n'eût fait auparavant satisfaction à la Reine sur cet article. Le Roi informé de cette réponse, au Château de Gaillon, fit déclarer la guerre par un Héraut, le sixiéme de Juillet 1563, & comme son armée étoit déja prête, la fit marcher vers le Havre de Grace sous la conduite de Charles de Cossé de Brissac, Maréchal de France, très-expérimenté au métier de la guerre. Il prit son logement au Prieuré de Graville, & l'armée composée de François & d'Allemands, se répandit aux environs dans les Paroisses de Sanvic & d'Ingoville, & du côté de Leure en rase campagne. Le Comte Rhingrave, Colonel des Allemands, étoit déja posté dans ces quartiers, mais il suivit alors le mouvement de la grande armée, & dans les troupes Françoises on trouvoit les Régimens de Richelieu & de Sarlabos l'aîné, mêlés de Suisses.

M. de Brissac commença par pointer ses canons, de maniere qu'ils empêchassent la flotte Angloise d'arriver, & tout de suite fit couper les veines d'eau douce de Vitanval qui couloient dans la ville; ce qui réduisit tout d'un coup au désespoir les assiégés, qui, après avoir épuisé les citernes, ne trouverent en creusant que des eaux salées. Cette incommodité insupportable dans les travaux d'un siége & dans les chaleurs brûlantes du mois de Juillet, fut bientôt suivie de la peste par la mal-propreté des Anglois, la corruption de l'air, & la mauvaise nourriture, qui fit périr dans l'espace de quinze jours plus de la moitié de la garnison. Les assiégés avoient fait un retranchement de palissades, pour couvrir la porte du Perré, & principalement la grosse tour qu'il étoit facile d'escalader, parce qu'elle n'a point de fossé, & qu'elle est jointe à la digue. Le premier exploit des troupes fut de rompre & de forcer ces palissades, ce qui fut exécuté par le Régiment de Richelieu avec une ardeur incroyable, malgré l'horrible feu qu'on faisoit sur lui du haut de la tour; il se logea dans ce retranchement avec le Capitaine Poyet, brave Officier de la Colonelle de d'Andelot. La digue étant ainsi débarrassée, on apporta dessus ou tout auprès, quatre gros canons de fonte, avec quantité de boulets, dont on battit si vivement la tour depuis six heures du matin jusques à onze, que malgré son épaisseur, on en renversa une grande partie.

Cependant le Roi partit de Gaillon, & arriva à Fécamp. Les choses étoient tellement avancées, les approches si vigoureuses, les soldats si animés, & la bréche si grande, que les ennemis qui s'étoient vantés de creuser le tombeau de nos troupes, songerent à capituler. Ils étoient réduits à l'extrémité, mais nous n'avions perdu que quelques soldats, avec Richelieu Mestre de Camp, qui mourut d'un coup d'arquebuse qu'il avoit reçu à la prise des palissades.

Le Connétable de Montmorency, accompagné des Maréchaux de Montmorency & de Bourdillon, & de plusieurs autres Seigneurs, arriva le 21 de Juillet sur les dix heures, au Prieuré de Graville, où étoit logé le Maréchal de Brissac. Informé de l'état des Anglois, il s'en fut au camp pour commander l'armée, comme sa dignité lui en donnoit le pouvoir, mais peut-être par ambition & par rivalité, pour enlever à Brissac la gloire de ses travaux, & chagriner ce grand Capitaine qu'il haïssoit, quoiqu'il fût son parent. Il est cependant probable qu'il n'y descendit qu'avec l'agrément du Roi. Quoiqu'il en soit, il tint pour nul tout ce qui s'étoit fait avant son arrivée, arrêta le pour-parler que les Anglois avoient demandé à Brissac ; alléguant que lui seul de toute l'armée, pouvoit accorder ou refuser des conditions de paix ; & voulut enfin qu'on recommençât toute l'affaire. Et pour paroître avoir fait quelque chose, ou plutôt pour faire comme s'il n'y eût eu jusqu'alors aucune opération, il envoya un Trompette au Comte de Warwick, pour le sommer de rendre la place, lui témoignant qu'il seroit fâché d'user de rigueur envers sa nation. Ce Commandant répondit qu'il falloit s'adresser à la Reine sa Maîtresse, qu'il n'avoit d'autre commission que de garder la ville & de la défendre, & qu'il étoit prêt, lui & tous ses Officiers, à sacrificer leur vie, plutôt que de manquer à ce qu'ils devoient à leur Souveraine ; qu'il étoit néanmoins très-reconnoissant des bontés de M. le Connétable. Ces paroles du Comte détruisent bien sensiblement l'opinion de ceux qui disent qu'on avoit demandé à la Reine elle-même la restitution du Havre. Les Officiers qui avoient rendu la réponse du Commandant, firent apporter, selon l'usage des Anglois, au bord de la tranchée, des flacons d'argent doré, pleins de vin, & de grandes coupes que l'on posa sur des tambours; firent beaucoup de politesses à des François déguisés, que le Connétable avoit envoyés pour reconnoître l'état de la place; & après quelques reproches du Capitaine Lethon à des Protestans qu'il reconnut, & qui lui répondirent fort bien, ils bûrent tous de bonne amitié les santés les uns des autres.

Dès que le Connétable eût reçu cette réponse, il fit porter la tranchée que M. de Brissac avoit fait ouvrir du côté de Leure, environ à huit cens pas, en quatre jours, au-dessous du bastion de Sainte Adresse, & jusqu'auprès de la porte du Perré; mais comme on ne trouvoit en creusant, que des cailloux & des pierres, on couvroit les soldats de sacs pleins de terre, de laine, & de sable qu'on apportoit de la mer; on fit aussi saigner le fossé en plusieurs endroits pour le découvrir. Cependant le Prince de Condé arriva avec le Duc de Montpensier, & tant que dura le siége, ils n'eurent point d'autre logement que la tranchée où les visitoit M. le Connétable. Alors les Anglois, irrités de ces travaux, firent du côté de Leure une furieuse sortie, on les repoussa avec une égale vigueur. Pour les réduire entierement, le Connétable fit élever une forte batterie, qui fut l'ouvrage de Jean d'Estrées, Grand Maître de l'Artillerie, le plus habile homme en ce genre qui eût jamais paru en France ; mais comme il étoit Protestant, on lui joignit un Catholique, avec lequel il eut quelque démêlé, que termina M. de Montmorency. Ainsi, voilà trois batteries élevées ; la premiere, sur le rivage de la mer pour écarter la flotte Angloise ; la seconde, auprès de la grosse tour ; toutes deux par les ordres de M. de Brissac, sur les desseins de l'Ingénieur Catholique ; & la troisiéme par les ordres du Connétable pour battre le mur & la porte de la ville. Il y avoit plusieurs bréches, & l'on se disposoit à donner un assaut général, quand les Anglois demanderent à capituler.

Le Comte de Warwick, s'excusa de n'avoir pas rendu le Havre, sur ce qu'il n'avoit point alors les ordres de la Reine ;

mais

mais à présent qu'il les avoit reçus, il étoit prêt, dit-il, à traiter avec M. le Connétable. Je ne vois point comment il avoit reçu ces ordres; car on avoit arrêté une barque au sortir du port, & surpris une lettre de Smyth, Ambassadeur d'Angleterre; outre que l'arrivée de Milord Clinthon à la rade avec de nouvelles troupes, deux jours après la réduction de la ville, contredit formellement l'excuse de ce Comte. M. de Thou suppose qu'un Gentilhomme de Florence, qui favorisoit les affaires d'Angleterre, alloit pendant le siége, de France en ce royaume, & revenoit de ce royaume en France, pour moyenner quelque accommodement. Mais le siége fut court; & comment ce Florentin pénétra-t-il dans la ville assiégée? Je pense que cette excuse ne fut qu'un prétexte d'un habile Commandant, pour obtenir des François une composition plus avantageuse. Les Députés vinrent au camp par la porte de Leure, & il y eut une treve pour regler les articles. Le Connétable leur parla avec beaucoup de fermeté, & même avec rigueur, dit Castelnau qui entendit ses paroles; les assurant qu'il n'y auroit

I

plus de miséricorde, s'ils ne concluoient dès ce moment la capitulation. On leur accorda cependant le délai d'une journée, & le Connétable envoya des rafraîchissemens au Comte de Warwick; mais de chaque côté les soldats violerent la tréve. Le lendemain matin les Députés reparurent, & il y eut encore quelques altercations & quelques escarmouches; mais enfin le traité fut fait de bonne foi, & signé de part & d'autre. C'étoit le Mercredi 28e. du mois de Juillet, selon la Popeliniere & les mémoires du Havre; le Jeudi, selon Castelnau; mais il se trompe, ainsi que sur le dernier jour de ce mois qu'il assigne au Dimanche. Car en cette année on célébra la Pâque le onziéme d'Avril. Or, en supputant bien, le Dimanche étoit le premier jour du mois d'Août.

Reddition du Havre de Grace.

En général les conditions étoient, que les Anglois remettroient la ville entre les mains de M. le Connétable, avec toute l'artillerie, les munitions, & les vaisseaux qui se trouveroient appartenir au Roi & à ses Sujets; qu'on leur rendroit aussi ce qui étoit à eux, & qu'on leur fourniroit même, s'ils en avoient besoin, quelques vaisseaux pour les reporter en Angleterre ; qu'ils auroient six jours pour évacuer la ville ; mais que dès le jour même de la signature du traité, ils rendroient la grosse tour où M. le Connétable pourroit faire entrer ses soldats, sans y arborer le drapeau de la France, & que le Comte de Warwick, jusqu'à ce que les conditions fussent accomplies, garderoit les portes, sans pouvoir non plus y tenir l'étendart de sa Nation ; qu'il rendroit le lendemain le fort de Leure, & donneroit quatre ôtages, au choix du Connétable, &c. ; ces ôtages furent fournis. Sur ces conditions réciproques qui furent fidelement observées, la ville fut rendue dès le lendemain 29ᵉ. du même mois ; & tous les ans le Dimanche le plus prochain de ce terme, on fait une procession générale en mémoire de cette réduction & de a liberté rendue aux Catholiques.

Le grand fort de Leure que les Anglois avoient relevé, fut rendu, ils s'étoient cantonnés de ce côté-là, où ils avoient le plus d'avantage : Mais on s'étoit attaché principalement à battre le côté de la mer, dont la réduction e traînoit tous les autres. Le P. Daniel qui ne connoissoit point assez cette situation, s'est encore trompé sur cet article, en augurant que ce fort est l'espace compris entre la tour & le bastion de S. André, ce qui fait, dit-il, une espèce de château. C'est ce qu'on appelle aller d'une extré mité à l'autre; cet espace qu'il indique, étant à l'occident, & le fort de Leure à l'orient de la ville. Je ne sçai commen il a pû dire que les relations du siége qu'i a vûes, ne font point mention du fort d Leure, dont il est parlé dans la capitula tion, on l'y trouve positivement, & mê me dans Castelnau qu'il a suivi de poin en point. Du moins il auroit pû remar quer dans l'Evêque de Metz (Beaucaire qu'il y a un bastion à tous les angles de l ville, si ce n'est à celui de la mer, qui n' pour défense que la tour, dont les pierr font taillées en pointe de diamant. (a)

C'est-à-dire, que le bastion de Saint

(a) *Franciscus Rex oppidum quadrangul condidit, & in uno quoque angulo longum la tumque propugnaculum extruxit, nisi ad portù initium, ubi angulum facit firma turris, insta adamantinæ cuspidis acuminata.* Belc. lib. 30.

André n'exiſtoit pas alors, comme je le montre ailleurs, non plus que la porte du Perré qui y eſt jointe. Le P. Daniel n'eſt pas plus heureux dans l'idée qu'il a que les pieux qui bordoient le rivage vis-à-vis du mur de la ville, étoient une partie de la jettée. Cela n'a pas beſoin de réfutation.

Les Meſtres de Camp, de Charry, de Richelieu, & de Sarlabos, ſe diſtinguerent beaucoup en cette affaire. Dupleſſis-Richelieu, grand oncle du Cardinal, avoit acquis le ſurnom de Pilon, par la grandeur de ſon courage ; il s'étoit ſignalé en Piémont ſous le Maréchal de Briſſac, avoit ſoutenu le ſiége de Saint-Jean d'Angley contre les Huguenots, défendu Blois avec ſeulement trois cens hommes, & défait ſur les bords de la Vienne les Religionnaires de Touraine & de Poitou, joints enſemble. Il mourut comblé de gloire au ſiége du Havre. Sarlabos ou Sarlabous acquit le gouvernement du Havre qu'on avoit deſtiné à Richelieu, & fut laiſſé dans cette place avec ſix compagnies de Fantaſſins, ſous les Capitaines de Mirepoix, de Liſle, & de la Houſſaye. On y joignit pour ſes gardes vingt-cinq Suiffes, outre les 50 Archers morte-paye. Le Connétable fut bien accueilli de Leurs Majeftés pour avoir fini cette affaire, tous les Officiers reçurent des éloges à proportion, & des récompenfes.

Deux jours après que la ville fut rendue, le Roi & la Régente étant alors au manoir de Vitanval, les Princes & les Seigneurs étant répandus aux environs avec la Gendarmerie, l'Amiral Clinthon parut à la rade avec des rafraîchiffemens & de nouvelles troupes. Il eût été fuivi quelques jours après d'une armée navale de foixante gros vaiffeaux ; & l'on prétend qu'il avoit envoyé une chaloupe pour faire fçavoir aux affiégés fon départ d'Angleterre ; que cette chaloupe avoit tenu la mer, & fait diverfes routes, pour éviter le canon, mais que n'ayant pû aborder pour jetter dans le port la lettre dont elle étoit chargée, le Comte de Warwick n'avoit pû recevoir des nouvelles de la flotte. La Reine mere députa vers l'Amiral Anglois le Rhingrave avec le Baron de Claire & plufieurs autres, pour l'inviter à mettre pied à terre, en lui offrant toutes fortes de fûretés ; il répondit que s'il avoit occafion de venir baiſer les mains de Leurs Majeſtés, il ne voudroit pour cela d'autre ſûreté que leur parole, mais qu'il devoit retourner pour apprendre à la Reine, que la ville étoit rendue, & il fit voile dès le lendemain. Le Connétable avoit répandu ſes troupes ſur le bord de la mer, & auprès du logis de Leurs Majeſtés, pour éviter les ſurpriſes. Les Anglois de la garniſon délogerent en même-tems, ayant parmi eux grand nombre de malades qui porterent la peſte dans leur pays. Mais avant leur départ, le Procureur du Roi, Guillaume de Maceille, accompagné de vingt-cinq notables, fut trouver la Régente à Vitanval, pour redemander à Sa Majeſté les chartes des franchiſes & des priviléges, avec tous les papiers qui concernoient les affaires de la ville. La Reine auſſitôt chargea le Connétable de les faire reſtituer. Il députa pour cela vers le Comte de Warwick, un citoyen avec une lettre qui ordonnoit aux Anglois de les rendre au plutôt, ſous peine d'y être obligés par la force. Le Comte de Warwick qui avoit fait ouvrir les coffres pour s'emparer des regiſtres, les remit ſur le champ.

Alors on agita dans le Conseil, s'il ne feroit pas expédient pour le service du Roi & le bien du pays, de démenteler le Havre. Les sentimens furent partagés, & la conclusion fut de le laisser avec ses forces, attendu l'importance de son assiette, & les grandes dépenses qu'on avoit faites pour le mettre en cet état, outre qu'en lui ôtant la forme de ville, on eût paru blesser la mémoire du Fondateur. Ce dernier sentiment étoit sans doute le meilleur, puisqu'il est nécessaire d'avoir un port à l'embouchure de la Seine, & qu'il n'est pas convenable que ce port soit ouvert au premier venu; qu'il est à propos au contraire qu'il ait des barrieres impénétrables pour écarter l'ennemi, & tenir en sûreté les marchandises & les denrées qu'il envoye à Rouen & jusqu'au sein de la capitale. On s'arrêta donc au parti de le conserver, & le Roi, quelque tems après, y fit commencer une citadelle. Ce fut apparemment l'année suivante, pendant laquelle ce jeune Monarque visita les Provinces du Royaume, & y fit élever quelques forteresses.

Citadelle du Havre.

1564. Cette citadelle fut commencée depuis l'endroit où se trouve aujourd'hui l'écluse de la grande bare jusqu'au retranchement que j'ai expliqué, vers la porte de Leure. On démolit pour cela plusieurs belles maisons que ceux du pays avoient élevées dans cette place; & quoique l'estimation en eût été faite par ordre de la Cour, ils n'en reçurent aucune récompense; mais ils demeurerent exemts de taille jusqu'à la mort, après s'être retirés à la campagne. Ce changement du quartier de S. François, est encore sensible à ceux qui veulent y faire attention; car toutes ces maisons étant démolies pêle-mêle, on ne trouve sur le quai de la Bare, que des rues inégales en longueur; & quoique les maisons de ce quai ayent été rebâties, on a encore vû les anciennes qui n'avoient aucun jour de ce côté-là. Cette citadelle, dont on voit à peu près la forme dans un plan du Havre tracé dans un tableau de Louis XIII. enfant, qui est sur une cheminée de l'hôtel de ville, reçut la figure d'un bastion double, excefsivement grand, dans l'enceinte duquel on éleva des magasins. Mais on ne goûta point le dessein de cette citadelle, dont le mur joignoit encore sans aucune séparation, au tems de la minorité de Louis XIII, le bastion des Capucins; elle demeura imparfaite, & c'est au milieu de sa place d'armes qu'on a creusé depuis le réservoir de la grande bare.

Charles IX. étant encore au manoir de Vitanval, fieffa au nouveau Gouverneur trente-quatre acres de terre du retranchement de la ville, à deux sols l'acre par chacune année, payables au Domaine de Montivilliers. C'est ce qu'on appella la ferme de Percanville que la crique arosoit au milieu des ruines de l'ancien Havre. Il paroît donc que ce fut alors qu'on abolit la porte de Leure, pour la fondation de la premiere citadelle, & qu'on détruisit le grand fort qui couvroit cette porte, & devenoit inutile. On voit même par l'usage qu'en firent les Anglois, qu'étant détaché de la ville, il pouvoit lui-être dommageable. Ainsi, il est vraisemblable que M. de Sarlabos le fit raser avec tous les édifices de ce quartier, qui étoient devenus incommodes, excepté une maison qu'il aggrandit & qu'il orna, pour lui servir de lieu de plaisance. Il y fit bâtir des granges, des écuries, des colombiers, & des murailles autour du jardin. Il fit graver ses armes sur la principale porte; mais on les voit blasonnées par leurs couleurs aux panneaux d'une fenêtre de la Paroisse d'Ingoville. C'est une plante de laurier à trois branches; avec une bordure de fleurs de lys, & le cordon de l'Ordre du Roi, qu'il avoit obtenu pour récompense de ses services.

Après que le bon ordre eût été ainsi rétabli au Havre de Grace, le Roi qui n'entra pas dans la ville sans doute à cause de l'air contagieux qu'y avoient laissé les Anglois, laissant au camp le Connétable de Montmorency, partit le Dimanche, premier Août, avec toute sa suite. Il passa d'abord par Saint Romain, ensuite par Estelan; d'Estelan il fut coucher au château d'Yvetot; d'Yvetot à Baqueville; & le jour d'après il arriva à Dieppe, où il fit son entrée. De Dieppe le Roi vint à Claire où il coucha, & le lendemain il fit son entrée dans la ville de Rouen. C'étoit le 12ᵉ du mois d'Août, jour heureux dans cette Province, & signalé par la réduction de la Normandie à l'obéissance de Charles VII. en l'année 1450.

Entrée du Roi dans la ville de Rouen.

Cette entrée fut magnifique. On avoit dressé des amphithéâtres & des arcs de triomphe au fauxbourg Saint Gervais, à la porte Cauchoise, au vieux marché, & dans le parvis de Notre-Dame. Entr'autres représentations allégoriques, on voyoit au haut de l'amphithéâtre du parvis de Notre-Dame, la Seine sous la figure d'une femme âgée & d'une taille gigantesque, dans un lit de joncs & de roseaux, appuyée sur deux léopards qui cachoient leur tête dans des broussailles, & jettant son eau dans une urne par les deux mammelles. Des Naïades d'une grande beauté folâtroient autour de la Seine, n'étant couvertes que d'une ceinture de glayeul. A ces Naïades se joignoient d'autres Nymphes qui semoient des fleurs, & sembloient chanter la liberté de la Seine par la reddition du Havre. Le Roi étoit placé sur cet amphithéâtre avec le Cardinal de Bourbon

Archevêque de Rouen, pour voir passer la ville & la cinquantaine. Quelques jours après il fut au Parlement tenir son lit de Justice, & se faire déclarer majeur. Il étoit âgé de treize ans & un jour. Il fit l'ouverture de son discours par des actions de graces à Dieu, pour la reprise du Havre de Grace, & comme c'étoit la joie de tout le Royaume, le Chancelier de l'Hôpital en fit aussi mention dans sa réponse au discours de Sa Majesté.

M. de Sarlabos prit possession de son gouvernement le premier Août, & il le garda jusqu'au même mois de l'année 1584, qu'il le remit à M. de Joyeuse. Dans cet intervalle, uniquement occupé du bien de la ville, il en fit hausser les murailles, réparer la grosse tour, & il commença la terrasse qui regne depuis cette tour jusqu'à la porte du Perré. Ce n'étoit auparavant qu'une simple muraille, & cette porte n'existoit point. Il fit bâtir encore la maison du Poids-le-Roi, qu'il égaya par un jardin, & un nouveau pont pour le quartier des Bares. Enfin, il augmenta l'hôtel de ville d'un grand corps de logis du côté de la rue, & fit à cet hôtel divers embellissemens, montrant partout, pour le service du Roi, beaucoup de fidélité & beaucoup de zèle.

Nouvelle conspiration des Huguenots contre le Havre.

1569. Les Huguenots qui étoient rentrés dans la ville, lui fournirent bientôt l'occasion de se signaler. Sur le soupçon de quelque entreprise pernicieuse, il s'en expliqua avec le Roi, qui lui ordonna de les chasser de la ville, avec défense d'en approcher plus près que six lieues, sous peine de confiscation pour les biens, & de détention pour les personnes. Cependant ces Fanatiques imaginerent un stratagême pour y rentrer; ce fut en se cachant sous des cuirs dans un vaisseau qui venoit de Barbarie. Ils avoient gagné ou trompé le Capitaine pour être reçus dans son bord, & on négligea d'y faire la visite. Ainsi, toujours rebelles, ils conspirerent de nouveau, avec des gens de leur secte, qu'ils barricaderoient, à certaine heure de la nuit, les portes & les boutiques des principaux Bourgeois, pour les empêcher de secourir la place. Cette tentative fut exécutée le 3 de Février, un peu avant la bataille de Jarnac, lorsque la guerre civile étoit très-rallumée. Ceux de dehors s'étant avancés pour surprendre la ville, firent main-basse sur les gens du Guet qui veilloient le long du Perré. Le bruit des armes ayant éveillé Sarlabos, & plusieurs autres, un Bourgeois, qui trouva ouverte la porte du Perré, la ferma, & se tint auprès, armé de sa hallebarde, criant aux armes de toutes ses forces, jusqu'à ce que de Sarlabos y fût arrivé. Aussitôt grand tumulte, mais on en fut quitte pour cette allarme, car les factieux de dehors s'étant épouvantés du bruit de la diane, & de la cloche de la premiere Messe qui sonna à heure indue, par une heureuse méprise de celui qui avoit cette charge, se retirerent au plutôt, jettant à terre leurs mousquets & leurs épées, qu'on trouva le lendemain. Mais comme ils avoient manqué leur coup par cette épouvante, ceux de la ville n'oserent se déclarer. Plusieurs Gentilshommes du pays de Caux, avoient trempé dans cette conspiration. De Ressent & de Montaigu, Conseillers au Parlement de Rouen, de concert avec Bigot, Avocat Général, ayant informé contr'eux sur les lieux mêmes, leur procès fut fait & jugé par la Cour, & il leur en coûta la vie.

HENRI III.

1574. Henri III. frere de Charles IX. commença son regne en l'année 1574. On avoit formé deux ans auparavant au Havre de Grace, le dessein de reconstruire depuis les fondemens, l'Eglise de Notre-Dame ; il fut ratifié cette premiere année du regne de Henri III. Cela paroît par deux titres, dont le premier est un acte d'adjudication pour la façon de la muraille en 1572, le second, est l'épitaphe du Maçon Nicolas du Chemin, sur le pilier qui joint la table de l'œuvre. On y trouve en lettres gothiques, que cet homme travailla à l'édifice de Notre-Dame, depuis l'année 1574, jusqu'à celle de son décès arrivé en 1587. Nous avons remarqué que dès 1540, l'on avoit commencé de bâtir un clocher, qu'on éleva si haut, qu'on y suspendoit le fanal, pour servir de guide aux vaisseaux pendant la nuit. On y plaça même deux couleuvrines pour battre en pleine mer d'un côté, & sur la côte d'Ingoville de l'autre. Mais parce que les Anglois s'en étoient servis pendant le siége contre le camp du Roi, on ôta cette défense ; & on rasa même le comble du clocher, où l'on voyoit plusieurs boulets mêlés avec les pierres. Il fut réparé à peu près dans la forme qu'il a aujourd'hui, & l'on continua de bâtir l'Eglise jusqu'à la croisée. On voyoit à cette premiere partie du bâtiment, des vîtres d'une grande beauté; & à toutes ces dépenses, les Gouverneurs, les Officiers & les Citoyens se faisoient un plaisir, & même un devoir, de contribuer à proportion de leurs biens.

1574. *Naufrage du paquebot ou passager, qui va du Havre à Honfleur, & revient de Honfleur au Havre.*

La tradition du lieu, est qu'il périt sous les murs de la ville, à l'endroit où se trouve aujourd'hui la premiere entrée du côté de l'avenue. Il falloit donc que le terrein fût encore bien bas & bien oisin de la mer à la pointe du bastion de ainte Adresse ; qu'il n'y eût pas, comme aujourd'hui, des montagnes de galet sur le rivage, & que la mer soulevée par la tempête, eût considérablement excedé ses limites. Même naufrage très-longtems après au sortir du port.

1576. *Henri III, vient au Havre de Grace.*

Henri III. vint au Havre de Grace l'année d'après son mariage avec Louise de Lorraine, & y fit son entrée avec cette Princesse, en très-petit équipage. La ville fut au-devant de Leurs Majestés, & leur fit le compliment au milieu de l'avenue. Il y eut du reste peu de cérémonie, le Roi ayant même défendu qu'on tirât le canon. Pour tout bienfait il remit à la ville, en 1580, les 100 liv. qu'elle payoit au domaine pour des droits royaux, que son Fondateur lui avoit donnés. Cette entrée se fit en l'année 1576, un mois environ après la paix faite avec les Huguenots.

L'Edit de pacification porte, suivant la requête qu'ils avoient présentée au mois d'Avril de l'année précédente, que le Roi décharge absolument le Vidame de Chartres, & Beauvoir la Nocle son beau-frere, des négociations & des traités faits par eux, au nom du feu Prince de Condé avec Elizabeth d'Angleterre, pour lui livrer le Havre de Grace, &c. mais, quoiqu'on leur eût accordé le libre exercice de leur religion partout le royaume, on avoit de la peine à y consentir dans les villes considérables. Ils s'en plagnirent au Roi par le député du Prince Casimir qui leur avoit amené une armée d'Allemagne. Ils alléguoient entr'autres plaintes, qu'au Havre de Grace le Gouverneur avoit fait publier des défenses à tous ceux de la religion, qui s'étoient depuis six mois habitués en cette ville, de se trouver aux assemblées, sous peine de cinquante livres d'amende pour la premiere fois; du fouet pour la seconde; & de la potence pour la troisiéme: Qu'on avoit défendu sous les mêmes peines à ceux qui n'habitoient pas cette ville, de se trouver aux exercices de la religion, avec menaces d'exiger l'amende sur les mieux accommodés du parti. Ils ajoutoient que les villes où il y avoit pareil ou plus grand nombre de Réligionnaires que de Catholiques, étoient chargées de garnisons; que nommément à Dieppe, au Havre de Grace, à Montivilliers, &c. on avoit dépêché grand nombre de compagnies pour y séjourner; & qu'enfin on ne laissoit sortir des ports de Normandie aucuns de la religion, qu'ils ne donnassent quelque caution pour se représenter.

Toutes ces plaintes regardent M. de Sarlabos, Gouverneur vigilant & ferme, qui donna en 1578 une nouvelle preuve de sa vigilance. Agnan le Comte, soldat de sa compagnie, né à Caen, pour se soustraire au châtiment qu'il méritoit par ses fautes, résolut de se retrancher dans la grosse tour où il étoit de garde. Il envoya subtilement ses compagnons dîner dehors, & s'en rendit le maître. Puis étant sommé d'ouvrir la porte, il s'opiniâtra à le refuser. Le Gouverneur aussi-tôt assembla sa compagnie, & les Bourgeois y accoururent au nombre de plus de mille. On essaya vainement d'enfoncer la porte à coups de levier, le soldat désespéré les accabloit de pierres qu'il avoit amassées, & couroit furieux de haut en bas, armé de sa hallebarde. On fut donc obligé de planter des échelles, d'où l'un des soldats qui y monterent, le tua d'un coup de pistolet. Son cadavre fut pendu, la tête en bas, aux creneaux de la tour, pendant vingt-quatre heures. S'il avoit eu du feu, & qu'il se fût avisé d'en faire usage, il eût causé des maux terribles, la tour étant alors remplie d'une grande quantité de poudres, de canons, & de munitions de guerre. Le Roi voulut avoir une pleine connoissance de cette affaire.

1580. Le Havre de Grace fut agité d'un grand tremblement de terre pendant les fêtes de Pâques de l'année 1580. Comme on fut préservé des suites funestes de cet accident, on en fait mémoire tous les ans par une procession générale; & en 1584, M. de Sarlabos résigna son gouvernement à l'Amiral de France Anne de Joyeuse. (a) Il fut regreté du peuple, autant au moins que l'avoit été M. de la Mailleraye, dont l'abdication avoit été volontaire. Il semble cependant que la retraite de M. de Sarlabos ne fut point une disgrâce, par la raison que donne le Roi, en revêtant de ce gouvernement M. de Joyeuse, qu'il est convenable que les premiers ports du royaume soient totalement en

(a) Peut-être fut-il obligé de le vendre à ce favori du Roi, qui, selon les histoires, en acheta plusieurs dans tems-là.

la puissance des Amiraux. Quoiqu'il en soit, nous ignorons quelle fut après cela la condition de ce bon Gouverneur du Havre, mais je sçai d'un ancien qui le tenoit de ses peres, que Madame de Sarlabos, après la mort de son mari, se retira à la côte du sud, au-dessous de Honfleur, où elle menoit une vie misérable, & qu'ayant un jour rencontré sur le bord de la mer, où elle étoit errante, un Citoyen du Havre, dont le nom m'est échappé, elle se fit connoître à lui, déplora son état avec amertume, & reçut de sa générosité quelqu'assistance. Le Duc de Joyeuse ayant été tué de sang-froid par les Huguenots après la bataille de Coutras qu'il perdit contre le Roi de Navarre, l'Amirauté, le Gouvernement de Normandie, celui de Caen, & celui du Havre de Grace, passerent tout-à-la-fois entre les mains du Duc d'Epernon. 1587. Les mémoires du pays omettent ce dernier Gouverneur, & disent simplement qu'après la mort tragique de M. de Joyeuse, André de Brancas Sieur de Villars, son parent, qu'il avoit fait son Lieutenant dans cette ville, en obtint le gouvernement par ettres patentes. Mais on peut reconnoître le Duc d'Epernon, Gouverneur du Havre, jusqu'à l'année suivante, en laquelle ce Duc remit au Roi le gouvernement de Normandie, & sans doute celui du Havre, qui échut alors à M. de Villars.

Ce dernier fit faire au Havre différens travaux fort utiles, un éperon près de la porte du Perré, ouvrage que l'on ne distingue plus, parce que sans doute il fut détruit avec cette porte. Car ce n'est point le bastion de Saint André, ni cette terrasse où l'on monte pour voir les vaisseaux qui sont à la rade; ces fortifications ne paroissent point dans le plan de la ville, au tableau de Louis XIII. Il fit faire encore une bare, c'est-à-dire, une écluse pour nettoyer le port par la jettée du sud, & il fit élever auprès une petite tour, qu'on appella du nom de sa Maison, *la Tour d'Oise*. Il fit curer les fossés de la ville, élargir & creuser ceux du bastion de Sainte Adresse, au milieu duquel on éleva divers bâtimens, & où il faisoit veiller bon nombre de gardes sous un Capitaine; c'est que ce bastion commande beaucoup la mer, & est très-propre à la découverte. Mais le plus bel ouvrage de M. de Villars, est d'avoir fait faire, sous la cour de l'hôtel de ville, de grandes voûtes en maniere de citernes, où l'on garde l'eau, avec abondance, pour la nécessité. On a fait la même chose dans la suite des tems sous une partie de la place d'armes de la citadelle; précaution très-sage en cette ville où malgré la dépense des canaux & des fontaines, on a souvent disette d'eau.

   1582. Voici deux évenemens assez remarquables pour être rapportés ici. 1°. Une femme nommée Colombe de Charry étant décédée, fut trouvée grosse d'un embrion bien formé dans toutes ses parties, mais dur à l'extérieur comme une pierre, ou comme un morceau de plâtre. Le cœur, le foie, les intestins, &c. étoient d'une chair fort dure, les os de la tête étoient reluisans. Le plus singulier, est que la mere avoit porté, dit-on, ce fétus pendant 28 années. La discussion de ce prodige n'est pas de ma compétence, & comme il n'est pas rapporté dans nos mémoires, je ne garantis point sa réalité. Voici le second : une jeune femme de moyenne taille, nommée Jeanne Dunin, chemin, épouse de Bertrand Campion, Maître de Navire, natif de Fécamp, & d'une puissante stature, accoucha de cinq filles (1586-7) qui furent toutes baptisées, & dont une vécut environ vingt-quatre heures. L'année suivante elle mit au monde sept enfans tout-à-la-fois, de l'un & de l'autre sexe, dont aucun n'eut le baptême, la mere s'étant blessée sur les bancs de l'Eglise, & les ayant fait mourir, avant que de pouvoir leur donner le jour.

Procès pour le Patronage.

1586. Le procès de l'année 1583, pour le patronage des Eglises du Havre, se réveilla trois ans après avec beaucoup de chaleur, entre Pierre Deschamps Procureur du Roi à Montivilliers, & le Présenté par le Roi d'une part, & Jacques Leger Sécretaire du Roi, Seigneur de Graville, & son présenté d'autre part. L'Arrêt qui s'ensuivit le 7 de Juillet 1586, ne décida rien pour le fonds; il appointa seulement la cause qui fut renvoyée au Conseil. Il n'y a pas effectivement matiere à procès, & d'un seul mot, quand il voudra, le Roi peut changer la condition de ces deux Eglises qui sont de fondation royale. On trouve, dit-on, dans l'Arrêt qui fut rendu sur les plaidoyers, les raisons du Roi, & celles du Seigneur de Graville. Nous souhaiterions qu'on les eût rapportées. Voici ce qu'il faut sçavoir sur cela. Il n'y a point de paroisse en titre dans la ville du Havre, les deux Eglises qu'on y a élevées, ne sont que des aides ou des succursales de la Paroisse du village d'Ingoville dont dépendoit, & dont dépend encore pour le spirituel tout le territoire de la ville. Cependant on a tenté plusieurs fois de faire passer ces deux Eglises pour un bénéfice distinct & séparé de la Cure d'Ingoville. Le Roi y présenta en 1549, en 1554, en 1586, & en 1656, & toutes ces présentations furent admises à l'Archevêché de Rouen. On eut même des Lettres de la Chancellerie pour être maintenu au droit de Sa Majesté. Mais le Seigneur de Graville, Patron laïc de la Cure d'Ingoville, s'est toujours opposé aux prétentions des nouveaux Pourvûs. L'on peut dire que le succès de son opposition a toujours été l'effet de la faveur du Roi. Le territoire du Havre avoit été suffisamment distrait de celui d'Ingo-ville, puisqu'il étoit clos de murailles, & que le Roi François I. avoit supprimé en 1541 les rentes seigneuriales qu'en percevoit le possesseur de la terre de Gra-ville. Il avoit eu sans doute ce pou-voir, & il n'avoit pas cru faire d'injus-tice au Seigneur de cette terre. (a) Il ne manquoit donc aux Eglises du Havre, pour être un ou deux bénéfices séparés, qu'un décret de l'Archevêque de Rouen qui les érigeât en Cures. Mais enfin ce décret n'a pas été donné, & les Curés du village d'Ingoville sont demeurés jusqu'à présent en possession d'exercer leur ministere & leurs fonctions curiales dans toute l'étendue de la ville du Ha-vre, comme faisant partie de leur pa-roisse. Il est vrai qu'ils desservent par eux-mêmes l'Eglise de Nôtre-Dame, & qu'on les appelle ordinairement Curés du Havre; mais le titre de la Cure est toujours à Saint Michel d'Ingoville, &

(a) Cette Terre a été depuis érigée en Mar-quisat, & on lui a attribué la haute, moyenne, & basse-Justice; ce qui, entr'autres choses, peut tenir lieu d'une bonne indemnité.

L ij

c'est-là qu'ils doivent prendre possession de leur bénéfice.

Ingoville & Ingouville sont deux villages différens ; le premier est voisin du Havre ; le second est de l'exemption de Fécamp. On prétend que celui du Havre ne doit point avoir d'*u* voyelle, & doit s'écrire comme je l'écris ordinairement. C'est le même nom d'origine, formé de *villa*, mot générique qui revient à celui de ferme, métairie, village ; & d'*Igou*, ou *Ingou*, *Ingulfus* en latin, nom d'homme. La plûpart des villages, principalement au pays de Caux, tirent ainsi leur nom de quelqu'un sans doute de leurs anciens Seigneurs. La chose n'est pas nouvelle, (*vocaverunt nomina sua in terris suis*, Ps. 48.) Ce sera donc *Ingulfi villa*, de même que *Gerardi villa*, Graville, abregé pour Gerard-ville. Voici en passant la liste des Curés d'Ingoville ou du Havre.... Pierre de Roullin, Etienne de Rains, Jacques Vimoht, Adam Deschamps, Pierre Dubosc, Guillaume Hamart, Jean Louvel, Jacques Martel Religieux Carme, Roland l'Herel, Gaulde, Gimar, Testel, Michel Bourdon, natif de la ville & Docteur de Sorbonne,

Jean-Baptiste de Clieu, aussi Docteur de Sorbonne, né à Dieppe, Jerôme Pouget, Charles-Marie de Quelen, actuellement Evêque de Bethléem, & Abbé de la Rivour, Carrion natif du Havre, & N. Mahieu, Docteur de Sorbonne, vivant. (17ᵉ.) Revenons à l'Histoire.

Le Roi veut enlever le Havre de Grace à la Ligue.

1588. L'éloignement du Duc d'Epernon sembloit devoir appaiser la tempête qui agitoit la France. Le Roi en effet entendit plus volontiers à quelque accommodement avec la Ligue. Mais on connut que ce n'étoit que pour lui soustraire les places dont elle avoit la jouissance, particuliérement le Havre de Grace & Orléans. Ce fut pour recouvrer cette premiere ville, qu'il fit le voyage de Rouen; mais Villars-Brancas qui tenoit le Havre, homme résolu, qui d'ailleurs avoit engagé sa parole au Duc de Guise, ne voulut jamais se laisser fléchir; ce qui obligea le Roi de se réconcilier avec la Ligue.

Histoire
Henri IV.

1589. Le Roi Henri III. ayant été assassiné à Saint-Cloud par un Moine détestable, Henri IV. légitime héritier de la Couronne de France, se retira en Normandie pour y recueillir quelques troupes qu'il attendoit de la Reine d'Angleterre. Le Maréchal de Biron, le meilleur de ses généraux, qui s'étoit déclaré le premier en sa faveur, lui soumit Fécamp, Harfleur, Caudebec, & une partie de cette Province. Mais André de Brancas-Villars, Gouverneur du Havre, surprit Harfleur, dont Brissac étoit Capitaine, & en fit sauter les fortifications. Prévoyant ensuite qu'on alloit fair (1590) le siége de la ville de Rouen avec une puissante armée, Villars s'y rendit en diligence sur une galere qu'il avoit fait bâtir au Havre de Grace ; & y fut établi Gouverneur de Normandie pour la Ligue, & en particulier de la ville de Rouen à la priere des Bourgeois. Cette Ligue avoit eu la précaution d'obliger la ville de Paris à fournir à ce Gouverneur du Havre la somme de 30 mille écus, pour l'attacher plus étroitement à son parti. (1590.) Villars signala son courage & sa hardiesse dans la ville de Rouen ; il se fit rendre le château que les Royalistes avoient surpris le 19 de Février; & deux ans après pendant le siége de la ville (1592,) il fit des sorties assez heureuses contre les troupes de Henri IV. mais s'étant trouvé foible presqu'aussitôt, il eut besoin de l'arrivée du Duc de Parme, qui fit lever le siége à ce grand Prince.

Fondation des Capucins.

1590. Marie de Batharnay, Comtesse de Bouchage, épouse du Maréchal de Joyeuse, & mere du Gouverneur dont nous avons parlé, vint au Havre pendant ces troubles, & y séjourna longtems en deux voyages qu'elle y fit. Cette Dame étoit recommandable par l'innocence de ses mœurs & l'austerité de sa vie. Elle fonda dans cette ville (sans doute à cause de son fils le Pere Ange de Joyeuse) les Capucins à qui l'on donna pour Eglise, Convent & lieux réguliers, l'Hôpital & son Eglise avec plusieurs autres terreins situés au quartier des Bares. Pour avoir dans l'Etat un être légitime & durable, il faut être autorisé par la puissance séculiere. Ainsi les Capucins qui manquerent d'abord de l'approbation du Prince, présenterent dans la suite leur requête à Henri IV. pendant son séjour au Havre en l'année 1603. Il consentit à leur établissement, & le confirma par des Lettres Patentes; ils n'eurent plus sur cela aucune inquiétude, & dédierent cette même année leur Eglise à Saint Sauveur, le 10 de Septembre.

Majesté du Service divin au Havre de Grace.

Les Processions qui se faisoient alors les Dimanches & les Vendredis, & autres jours, par la ville du Havre, & autour des Cimetieres de Notre-Dame, furent commencées par les avis & à l'instigation de cette pieuse Fondatrice des Capucins. Les plaidoyers de 1586 avoient déja fait l'éloge de la maniere édifiante avec laquelle on faisoit le Service divin dans cette Eglise; ils attestent que de tout tems les cérémonies de la religion y avoient été observées avec autant de décence & de grandeur que dans aucune Eglise de France; ce qui étoit étonnant, si l'on faisoit attention à la nouveauté de cette ville. On trouve une requête en forme de réglement, présentée au grand Archidiacre de Rouen faisant sa visite, par Polidamas Hacquet, Lieutenant Civil & Criminel, & Trésorier ou Marguillier en 1584, dans laquelle il paroît que c'étoit l'usage en ce tems-là de faire chanter dans l'Eglise de Notre-Dame, les Dimanches & Fêtes solemnelles, la Messe paroissiale en musique. Cette pieuse gravité dans la célébration des saints Offices s'est maintenue jusqu'à nos jours, & l'on y admire toujours le même ordre dans les cérémonies.

Le Havre de Grace rendu à son Souverain.

Cependant Henri IV. ayant fait son abjuration entre les mains de l'Archevêque de Bourges, la ville de Rouen ne tarda pas à imiter celle de Paris dans son obéissance. Par un commun accord de tous les ordres de la ville, Villars ayant traité avec le Roi, ébranla ce qui tenoit encore pour les Ligueurs dans la province de Normandie, & dès-lors même soumit (1594) à sa légitime autorité, Rouen, le Havre de Grace, Harfleur, le Pont Audemer, Montivilliers & Verneuil, qui étoient en sa puissance ; ce qui lui acquit entr'autres bienfaits la charge d'Amiral.

Le Roi pour accomplir le traité qu'il avoit fait avec Villars, pour la réduction de ces places, donna un Edit où après avoir fait mention des heureux succès que le Ciel lui a accordés, il déclare & ordonne qu'il n'y aura que l'exercice de la Religion Catholique, Apostolique & Romaine dans la ville & vicomté de Rouen, dans la ville, fauxbourgs & banlieue du Havre de Grace, ville & fauxbourgs de Verneuil, & autres places remises en sa puissance par le traité de Villars, pour quelque personne, ou prétexte que ce soit.... qu'il n'y aura en tous ces lieux, jusqu'à nouvelle ordonnance, aucuns Juges ni Officiers qui ne professent la Religion Catholique, Apostolique & Romaine. Cet Edit fut enregistré au Parlement le 26 Avril de la même année, & toutes ces villes commencerent à respirer sous le joug aimable de ce bon Prince.

1595. Le Gouverneur du Havre ne survécut pas long-tems à ce traité. Après avoir fait bâtir dans ce port cinq navires depuis 300 jusqu'à 600 tonneaux, il fut pris dans la guerre que nous eûmes avec l'Espagne, & mis à mort indignement par les Espagnols, en punition de ce qu'il avoit quitté le parti de la Ligue. Son cœur fut apporté au Havre de Grace, & inhumé dans l'Eglise Notre-Dame au pied du balustre de la Sainte Vierge. Le vestige en est effacé depuis quelque tems, & on a renouvellé les vîtres de la chapelle des Carmes où ce Gouverneur étoit peint en habit de guerre. Les devoirs de la sépulture lui furent rendus par Georges de Brancas, Chevalier d'Oise, depuis Duc de Villars, son frere, qu'il avoit fait son Lieutenant au Havre dès le mois de Décembre 1593, & qui lui succéda dans le gouvernement de cette ville.

Mort tragique des trois Raulins.

1599. Ses premieres années sont marquées par la fin tragique des trois Raulins, Officiers de la garnison. Isaïe Raulin de la Regnardiere, Cornette d'une des Compagnies de Gens de pied du Duc de Villars, Pierre Raulin, Sieur de Saint-Laurent, Lieutenant d'une Compagnie de Fantassins entretenue par le Roi en Normandie, & Jacques Raulin de Rogerville, Enseigne de cette derniere Compagnie, étoient fils de Robert Raulin Écuyer, Avocat au Havre de Grace. Ayant été mandés à l'Hôtel de ville, où de la part du Commandant qui les haïssoit, on leur tendit des piéges, ils furent sommés d'obéir à de certains ordres qu'ils crurent opposés au service du Roi. Sur leur refus parurent tout d'un coup des gens armés qui s'étoient garnis de plastrons pour les combattre. Deux Raulins furent renversés dans la salle des assemblées, mais le 3e. s'étant dégagé, s'échapoit déja par l'ouverture des galeries qui regnent sur la cour, lorsque malheureusement il demeura accroché à un clou de la muraille. Il fut massacré en cet endroit. Peut-être y avoit-on mis exprès ces obstacles ; mais c'est une tradition accréditée dans cette ville, que les carreaux de cette galerie s'étoient tellement abbreuvés du sang de ce malheureux, qu'il avoit été absolument impossible de les nettoyer, & qu'on y voyoit encore fort long-tems après ces marques sanglantes. Le pere des Raulins par des largesses qu'il fit au peuple, pensa le soulever, & exciter une sédition. Cependant on les

nterra secretement dans une des ailes
e l'Eglise de Notre-Dame, où l'on voit
eur épitaphe sur le pilier de la chapelle
de Saint Sebastien. On y trouve ingénu-
ent qu'ils décéderent tous trois à la
même heure en cette ville le 16 de Mars
1599. On répandit dans le public qu'ils
étoient coupables envers le Prince; mais
ce n'étoit qu'un prétexte qui n'autorisoit
pas les voyes de fait & les exécutions
précipitées sans les formalités de la
justice. Les gens de bien qui connoissoient
la fidélité inviolable de ces trois freres,
sçurent parfaitement démêler le vrai à
travers ces manèges, & demeurerent
persuadés que la jalousie de l'estime qu'on
avoit pour eux, les avoit immolés à la
passion de leur adversaire.

1602. Trois ans après cette cruelle scène,
le Duc de Villars fit démolir les murailles
de la ville de Harfleur. Nous avons vû
que dès 1590 André de Brancas l'avoit
surprise sur M. de Brissac pour la soumettre à la ligue, & en avoit aboli les
forces dans la crainte qu'elles ne servis-
sent à faire prendre le Havre. Le Duc
de Villars acheva de les ruiner. Comme

le Havre a succedé à la ville de Harfleur; (a) il est à propos de faire connoître à fond cette célebre place. Nous en ferons un article séparé à la fin de cette Histoire.

Henri IV. vient voir la ville du Havre.

1603. Henri le Grand voulut voir la ville du Havre, & y fit son entrée dans l'année 1603. On ne nous a point conservé les circonstances de cette entrée. Il paroît que ce généreux Prince écarta les cérémonies pour ne laisser à son peuple que le spectacle de sa personne, & ne fixer son attention que sur ses bontés. Il y eut cependant quelques réjouissances où se livra de tout son cœur, ce peuple fidele charmé de sa vûe. Au milieu de la satisfaction que cela causoit au Roi, le Gouverneur de la ville représenta à Sa Majesté, qu'on ne pouvoit achever l'édifice de Notre-Dame sans le bénéfice des vieux sels de Terreneuve dont la Communauté faisoit présent à cette Eglise, &

(a) Un des Habitans d'Harfleur s'étoit opposé à la fondation de celui-ci, ce qui ne fut d'aucune conséquence.

ont on empêchoit de faire la vente à son profit. La piété de ce Prince accorda par chaque année la somme de 1500 liv. réduites depuis à 1200, sur les Gabelles de France, pour le bâtiment & l'entretien de cette Basilique. Elle en conserve le contrat original qui fut passé l'année suivante entre les Adjudicataires généraux des Gabelles de France & les Trésoriers ou Marguilliers de Notre-Dame. Cet arrangement étoit plus solide, puisque la vente de ces vieux sels étoit casuelle & variable ; & on y a beaucoup gagné, puisqu'il n'y a plus au Havre de voyages pour la Terreneuve depuis longtems, & que la donation d'Henri IV. subsiste à perpétuité. On donne de plus au Curé & à ses Vicaires gratis une certaine quantité de sel pour leur provision.

LOUIS XIII.
1610. Porte du Perré.

Au commencement de ce regne M. de Villars établit pour son Lieutenant au Havre de Grace Hugues d'Athenoux, Sieur de Gougeon, & fit construire la nouvelle porte du Perré dans le voisinage

de la tour & de la jettée. L'ancienne porte
beaucoup plus éloignée de l'entrée d[u]
port étoit située au milieu du rempart
à distance égale du bastion de S. André
& de celui de la Musique. Elle avoit
une fortification avancée au-dessus du
pont, qui est peut-être l'éperon dont
nous avons parlé. M. de Vauban a couvert cet endroit d'une grande demi-lune. Il paroît dans un ancien plan, que
la nouvelle porte n'avoit ni pont, ni
fossé ; mais lorsqu'on eut augmenté le
nombre des écluses sur la jettée du nord,
ce qui s'est fait en différens tems, il fallut
agrandir le réservoir de la premiere bare,
de plus de moitié, & faire une communication de ce bassin au fossé de la ville,
comme elle se voit aujourd'hui. Alors on
pratiqua sur cette saignée le grand pont
qui sert de passage à la porte. Le Duc de
Villars augmenta de largeur la terrasse de
Sarlabos, depuis la porte jusqu'à la tour,
& l'on ajusta la porte du Perré de maniere
qu'elle forme un réduit profond égal à la
largeur de la terrasse. Ces travaux se
firent sans doute sous la régence de
Marie de Médicis ; car on trouve au mur
de la terrasse du côté de la ville l'écusson

de

de cette Princesse joint à celui du Roi. Il paroît par quelques fragmens de pierres, que l'on passoit au-dessus de la porte pour aller des deux côtés; & tout cet ouvrage forme une espece de château dont la tour est le donjon. Ce fut encore sous le gouvernement de la Reine mere qu'on revêtit les remparts & les bastions de briques avec des chaînes de pierres, & qu'on mit aux bastions dans l'intervale de ces chaînes la lettre (L) sous une couronne. Mais il faut dire que ces remparts furent seulement refaits ou réparés, car nous avons vû plusieurs fois que la ville avoit de fortes murailles; ce qui étoit absolument nécessaire. Je pense aussi que ce fut alors que l'on construisit le bastion de S. André en mémoire d'André de Brancas à qui le Duc de Villars son frere avoit succedé dans le gouvernement du Havre.

Monastere de Religieuses.

Les Capucins ne furent pas le seul Couvent de la ville. Les Carmelites de Rouen qui avoient eu quelque dessein de s'établir au Havre, achèterent pour cela une maison qu'elles revendirent en 1623 aux Religieuses de l'Abbaye de Monti-

M

villiers. Celles-ci y érigerent une chapelle qui fut benite le 28 Octobre 1624 sous le nom de Notre-Dame de Pitié; d'autres disent de Bon-Secours; & peu de tems après elles s'en mirent en possession au nombre de huit ou dix sous la conduite d'une Prieure. Ce Monastere ne subsista pas longtems, la dureté de l'air ne put convenir à ces Religieuses, & on revendit en 1627 la place & tous les lieux réguliers aux Ursulines de Rouen. Denis Barbei Echevin de la ville fut celui qui travailla le plus à faire réussir ce dernier établissement: sa fille Marguerite Barbei en a été la premiere Supérieure. Ces Religieuses obtinrent au mois de Juillet 1628 des Lettres patentes qui furent vérifiées au Parlement de Rouen le 21 Janvier 1640, à condition qu'elles ne pourroient réunir à leur Monastere aucune maison située ailleurs qu'en la place de l'Ilot. On appelloit ainsi le lieu qu'elles occupent, parce qu'il avoit été long-tems environné d'eau.

Notre-Dame des Neiges.

1622. M. de Villars avoit acquis aux Capucins dès 1622, la chapelle appellée maintenant Notre-Dame des Neiges, assez près de la pointe du Hoc, dans les ruines du petit Leure. Ce lieu est assez ancien. On y découvrit sur la fin du seiziéme siécle un grand nombre de tombes, une entr'autres de l'an 1325. Quelques mémoires (des Capucins) portent qu'en 1294, Jean Quênel, Diacre, Seigneur du fief de la Quênée, donna tous ses biens aux Religieux de Graville, en faisant profession dans leur Monastere, à condition qu'ils feroient bâtir près du manoir de son fief une chapelle qui seroit desservie à l'avenir par deux de la Maison. On l'appella pour cette raison la chapelle de la Quênée. Mais au commencement du dix-septiéme siécle, elle n'étoit plus connue que sous le nom de Notre-Dame-des Perrés, à cause du galet ou des pierres que la mer entasse sur cette rive. Les Religieux de Graville, qui n'y faisoient plus alors aucun Office, la céderent aux Capucins du Havre, à la sollicitation de M. de Villars, qui la dota de deux cens cinquante livres. Ils en ont fait un hospice pour le convent du Havre, & ce n'est que depuis ce tems-là que la chapelle a pris le nom de *Notre-Dame des Neiges*, dont ils font la fête. J'ignore de quelles mains les Capucins du Havre ont reçu ces mémoires, dont je ne garantis point l'authenticité. Quelques-uns ont prétendu que la chapelle des Neiges avoit été le lieu du martyre, ou du moins le premier tombeau de fainte Honorine, dont on trouva le corps fur ce rivage, au quatriéme fiécle. Ils prétendent donc que la chapelle des Neiges appartenoit au Prieuré de Graville, à d'autre titre que celui de la donation du Diacre de la Quênée. Mais il n'eft pas fûr qu'il y eût des Chanoines étab is à Graville (*a*) avant la tranflation des reliques de la Sainte, & peut-être faut-il defcendre jufqu'au tems de la fondation de Guillaume Mallet, Sire de Graville. D'ailleurs, il ne paroît pas que le terrein des Neiges exiftât au quatriéme fiécle, & l'opinion des Capucins fur l'origine de leur chapelle, qu'ils ne difent exifter que depuis la fin du treiziéme, ne porte point de préjudice aux Chanoines réguliers, pourvû qu'ils reconnoiffent que l'églife de Graville doit

(*a*) Du moins de ceux qui obfervoient le réglement d'Aix-la-Chapelle.

vraisemblablement sa naissance à l'invention de ce Corps saint, & qu'il y reposa jusqu'à sa translation au neuviéme siécle, quoiqu'on ne puisse assigner le tems préfix où commença dans ce lieu l'observance réguliere. On voit dans la chapelle des Neiges, qui est très-ornée, les armoiries de Villars - Brancas, & celles de S. Aignan.

M. de Villars, quelques années après, quitta le gouvernement du Havre de Grace, dont il jouissoit depuis longtems. Ce fut en Octobre 1628, quand la Rochelle fut réduite à l'obéissance de Louis XIII. & après qu'on eut désarmé les séditieux Calvinistes à Rouen, Caen, Dieppe, au Havre, &c. où la Religion prétendue réformée n'étoit pas la plus forte. Alors on envoya au Havre une nouvelle garnison. Dès 1626, Louis XIII. avoit supprimé les charges d'Amiral & de Connétable, mais il avoit donné la Surintendance de la marine au Cardinal de Richelieu. Il le fit cette année (1628) Gouverneur du Havre. Aussi-tôt ce grand Ministre fit travailler à tous les ports du royaume, & la Marine prit une nouvelle forme, avec un accroissement visible de splendeur.

Fonderie royale.

Dès 1627, le Cardinal avoit établi au Havre de Grace une fonderie royale, pour en tirer tel nombre de canons qu'il voudroit, & les employer sur mer, selon sa prudence. J'ai vû dans le château de Caen un des beaux canons de bronze qui en furent tirés. Ils portent une ancre avec le monogramme du Cardinal. Mais les monumens qui ont éternisé sa gloire au Havre de Grace, sont la citadelle, l'ouvrage à cornes, & la porte d'Ingoville.

1628. Le Cardinal de Richelieu, gouverneur du Havre, fait bâtir la citadelle, &c.

On s'accorde à regarder la citadelle du Havre, comme une des plus belles & des plus régulieres qui soient en Europe. Nous avons vû que Charles IX. en avoit fait commencer une, dont la forme ni la situation ne purent convenir, & qui demeura imparfaite. Celle-ci fut commencée un peu plus loin sur le rivage & bien plus en grand. Pour faire voir combien ce dessein importoit à l'Etat & à la ville, le Roi voulut bien envoyer aux habitans une lettre où ce Prince en détaille tous les motifs. On abolit pour cela des marais falans, qui rapportoient une assez grande quantité de sel, on détruisit plusieurs maisons qu'on avoit élevées dans cette partie méridionale du quartier des Bares, on nettoya la place en ôtant quantité de ruines de l'ancienne fortification ; & comme en général ce n'étoit encore que des marais peu folides, on fit les fondations sur des pilotis. Cependant les murs se sont affaissés dans toute l'étendue, mais presque également. On y construisit un grand nombre de cazernes qui formoient des rues autour de la place d'armes, un grand logis pour le Gouverneur, une chapelle, & des magasins d'artillerie. On changea un peu dans la suite la premiere disposition des bâtimens de cette citadelle, qui est flanquée de quatre grands bastions.

Quoique la lettre du Roi énonçât si bien les raisons & la nécessité d'élever cette forteresse ; comme le Cardinal la faisoit bâtir à ses dépens, il y eut des esprits mal intentionnés, qui le soupçonnerent de la destiner à lui servir de réfuge, parce, disoient-ils, qu'elle est située de maniere à pouvoir écraser la ville ; mais c'étoit ignorer la nature des choses ; car, outre que cela est ainsi dans toutes les places, rien n'est plus conforme à la destination de cette citadelle, que le commandement qu'elle a sur le port & sur la ville, pour en chasser l'ennemi, s'il y vouloit établir sa résidence. Il est vrai que le Cardinal se croyant perdu avant l'évenement de la journée des dupes, se préparoit à aller au Havre de Grace, qu'il avoit choisi pour sa retraite ; mais ce n'étoit point pour s'y retrancher au préjudice de l'Etat ; c'étoit pour mener loin de la vûe de ses ennemis une vie privée dans un lieu, dont le Roi lui avoit confié la garde.

L'ouvrage à cornes étoit un grand rempart, formant plusieurs angles ou détours, avec une banquette en dedans pour pouvoir considérer les vaisseaux qui séjournoient à la rade. Il étoit fort près de la mer, s'étendoit depuis la porte avancée du Perré jusqu'au-dessus de la pointe du bastion de Sainte-Adresse, & couvroit ainsi tout le flanc de la ville. Il renfermoit quelques moulins à vent & quelques maisons. On l'a détruit pour lui substituer d'autres ouvrages. On

On ne peut disconvenir que la porte d'Ingoville n'ait une magnificence & une apparence de grandeur parfaitement digne du génie de ce Cardinal. Sa force réguliere égale sa beauté. Le milieu qui réunit un grand nombre d'ornemens d'architecture, est accompagné de deux grandes tours. Nous en ferons exactement la description dans la seconde partie.

Les trois demi-lunes qui sont placées entre le bastion de Sainte-Adresse & celui de la Musique, ainsi que celle qui se trouve entre le bastion de la Musique & celui des Capucins, furent faites dans ce même-tems; elles ne sont point revêtues, sinon celle qui couvre la porte, encore ne l'a-t-elle été que longtems après. Elles furent composées des terres du bassin, auquel on donna les dimensions qu'il a aujourd'hui.

Le Cardinal de Richelieu fit construire au Havre grand nombre de navires, & la plus grande partie des vaisseaux du Roi, tant qu'il vécut, séjourna dans le port de cette ville. Il suivoit en cela la premiere destination de ce port. En effet, depuis son origine, ce fut en cet endroit qu'on équipa toutes les flottes ; soit contre les ennemis du royaume, soit pour les voyages de la nouvelle France, soit pour la pêche des baleines dans le nord, soit pour purger les mers de pirates, soit contre la Rochelle, soit enfin pour reprendre les isles de Saint Honorat & de Sainte Marguerite. Aussi nous avons vû que nos Rois, après leur avénement au trône, venoient en personne prendre possession du Havre de Grace, dont sembloit alors dépendre pour la mer la fortune de la France. Plusieurs Princes étrangers en vinrent voir les fortifications, & le gouvernement de cette place n'étoit accordé qu'aux plus grands Seigneurs du royaume. On y a bâti depuis le ministere du Cardinal de Richelieu un nombre infini de vaisseaux de guerre, & ils ont la réputation d'être excellens voiliers.

L'Eglise de Notre-Dame est achevée.

1636. Depuis la donation de Henri IV. en l'année 1603, on reprit les travaux de l'Eglise de Notre-Dame, qui fut achevée, comme elle est aujourd'hui, en 1636. Cependant les collateraux n'embrassent pas le rond-point, comme dans la plupart des grandes Eglises, ce qui donneroit beaucoup d'aisance au peuple nombreux qui s'y trouve dans les Fêtes. (a) Mais cela ne fait point un défaut à proprement parler. C'est la même chose à S. Pierre de Rome & à S. Paul de Londres; & dans les Eglises de Ste. Geneviève & de Ste. Madeleine de Paris, qu'on élève actuellement, la voûte des sous-ailes n'environnera point le chœur. La chapelle de la Vierge est adossée au chevet de l'Eglise dans une superbe décoration, & le grand autel est en-deçà, séparé par des balustres, comme il sera pratiqué dans la belle Eglise de la Madeleine à Paris. Le principal portail est d'une grande construction, mais il n'est pas achevé; c'est une perte pour cette architecture; & il me semble qu'à raison de la donation d'Henri IV. on seroit obligé de le finir. Nous verrons dans la description de cette Eglise, ce qui manque à ce portail.

1638. Dès 1638 ce portail qui s'étoit incliné de 22 pouces sur la grande rue;

___
(a) Plus de trente mille Habitans au Havre.

commençoit à ménacer ruine. On n'osoit plus passer devant, les maisons voisines étoient abandonnées, & on parloit de l'abattre; lorsqu'un simple Maçon le remit à plomb sans rien démonter. Il creusa d'abord sous les fondemens du côté de l'Eglise; ayant ensuite chassé des coins de fer & de bois dans les piedestaux des colonnes du côté de la rue pour ébranler l'ouvrage, toute la masse du portail se redressa à vûe d'œil, & retomba dans les fosses qu'il avoit creusées. Ce succès miraculeux dans une chose désespérée attira les yeux de tout le monde sur l'habile Entrepreneur qu'on avoit traité de visionnaire. Cette industrie étoit d'autant plus belle, qu'elle étoit plus simple & plus directe pour opérer seule un si grand effet. Il n'eut cependant que 400 livres de récompense pour un si grand service.

Cette même année la communauté du Havre fit présent à l'Eglise de Notre-Dame d'un grand jeu d'orgue & d'un magnifique buffet, où elle fit apposer les armes du Gouverneur de la ville, le Cardinal de Richelieu, qu'elle regardoit à juste titre comme son bienfacteur. La seconde cloche de cette Eglise est appellée la cardinale, soit qu'elle ait été donnée par lui, soit encore pour faire honneur à sa protection. On prétend que ce Ministre avoit dessein de diviser le diocèse de Rouen, & de mettre un Evêque au Havre, qui en est éloigné de dix-huit lieues. Il finit ses grands travaux le 4 de Décembre 1642, & il légua par son testament à Armand de Maillé, son neveu, fils d'Urbain de Maillé, Marquis de Brezé, Maréchal de France, & de Nicole du Plessis sa seconde sœur, le Marquisat de Graville. Louis XIII. ne lui survécut que peu de mois.

LOUIS XIV.

1643. Le gouvernement du Havre de Grace fut donné au Duc de Richelieu, petit-neveu du Cardinal, encore mineur, & il fut régi, après le décès du Marquis de Vignerot son pere, par la Duchesse d'Aiguillon sa tante. Deux ans après, Charles I. Roi d'Angleterre, maltraité par ses sujets, fit passer dans la France, toujours secourable aux malheureux, la Reine son épouse, & la Princesse Henriette sa fille, qui fut depuis épouse de Monsieur. Elles débarquerent au Havre de Grace (1645.) & furent conduites sous le dais à l'hôtel de ville, au milieu de la Bourgeoisie qui étoit sous les armes. La porte fut gardée par cinquante jeunes hommes de vingt à vingt-cinq ans, choisis sur tous les autres, & l'on distribua de plus une escorte aux environs de leur appartement.

1648. Le ministere du Cardinal Mazarin, sous la régence de la Reine-Mere, causoit de la jalousie, & donnoit de l'ombrage aux Princes du Sang, qui étant exclus du gouvernement, formoient un parti dans le Royaume. Dès 1648 la Duchesse d'Aiguillon qui régissoit le gouvernement du Havre, avoit envoyé trois cens Soldats de la garnison de la citadelle, sous les ordres de M. de la Vergne, dans la ville de Harfleur, où ce Capitaine, sans autre défense que les profonds fossés de cette place démantelée, attendit hardiment la Milice du pays, par le moyen de laquelle le Duc de Longueville méditoit de s'en rendre maître.

1650. Prison des Princes dans la citadelle du Havre.

En 1650, les Princes de Condé & de Conti, & le Duc de Longueville leur beau-frere, furent arrêtés, conduits au Bois de Vincennes, ensuite au château de Marcoussy, & enfin à la citadelle du Havre de Grace. Le Maréchal d'Harcourt fut chargé de les amener, & on les environna de tant de troupes, qu'il sembloit plutôt que ce fût un cortége d'honneur, qu'une escorte de sûreté. On mit des grilles de fer aux fenêtres & aux cheminées du logis du Gouverneur, & ils y furent détenus quelque tems. Le Parlement s'intriguoit pour leur liberté, & le Duc d'Orleans ayant appuyé sa demande, le Cardinal Mazarin vint au Havre pour les délivrer, ou du moins pour leur apporter la nouvelle de leur délivrance. Il se vêtit magnifiquement, & fut en carosse à la citadelle avec le train d'un Ambassadeur, espérant les réjouir & leur faire sa cour. Mais les Princes bien persuadés que leur liberté loin d'être son ouvrage, l'affligeoit, ne voulurent point lui accorder la permission de les voir. Il partit sur le champ, & le Maréchal de Grammont qui croyoit apporter le premier aux Princes l'ordre du Roi, pour leur délivrance, les trouva déja prêts à partir. Le Cardinal Mazarin se retira à Cologne, & le Roi étant devenu majeur, il sembloit que le Royaume alloit reprendre sa premiere tranquillité. Cependant, soit que le Prince de Condé eût du ressentiment de sa prison, ou qu'il eût de nouvelles défiances, il se retira à Bordeaux, & prit les armes. Alors les troubles recommencerent, & plusieurs villes embrasserent le parti des Princes.

1651. *Complot de sept Soldats découvert.*

Dans ces conjonctures, il se fit au Havre une conspiration pour rétablir le Duc de Richelieu, partisan du Prince, dans son gouvernement dont il sembloit dépouillé. Mais les conjurés ayant voulu engager dans leur complot un des Echevins de la ville, & plusieurs Nobles du voisinage, ils furent découverts, & cet Echevin (Grenier de Cauville,) en acquit des Lettres de Noblesse, qui furent aussi octroyées à deux autres personnes.

Un Sergent nommé la Ronce, avec cinq Soldats de la garnison, avoit tramé cette perfidie; il fut rompu vif; & les autres complices connus sous les noms de Travers, la Fleur, Duclos, Champagne, & Saintamour, furent pendus; Pendant l'exécution qui se fit sur la place du port, la Bourgeoisie fut sous les armes, & l'on suspendit les têtes de ces malheureux aux bastions, & aux portes de la ville & de la citadelle; un septiéme Soldat qui découvrit un peu tard cette conjuration, fut banni, après avoir assisté à l'exécution des plus coupables. J'ai vû dans les archives de la ville du Havre la lettre du Roi, qui témoigne aux Habitans son extrême satisfaction à l'égard de leur fidélité, & qui leur enjoint de ne recevoir, pour les commander, personne qui n'ait son agrément & ses lettres.

1659. Le Prince de Condé se jetta dans le parti des Espagnols. Ce fut un grand obstacle à la paix des Pyrénées. Dans les conférences qui furent tenues sur la frontiere entre Dom Louis de Haro Ministre d'Espagne, & le Cardinal de Mazarin Ministre de France: Le premier

proposa » que le Roi Catholique, pour
» obliger le Roi Très-Chrétien à donner
» une place de sûreté à M. le Prince,
» comme pourroit être le Havre, donne-
» roit Olivença (ville de Portugal très-
» forte) au Duc de Bragance (le Roi
» de Portugal que la France protégeoit
» & qu'elle vouloit maintenir dans la
» possession de son Royaume) outre son
» rétablissement en ses biens & honneurs,
» & la charge de Connétable de Castille;
» mais le Cardinal se moqua de cet expé-
» dient. Il crut que ce que Dom Louis
» offroit, seroit acheté trop cher, s'il en
» coûtoit le Havre de Grace. Ainsi il ne
» voulut point y entendre «. Ce sont les
paroles d'une relation des affaires de Portugal, traduite de l'Anglois.

1660. *Communauté de Prêtres.*

Michel Bourdon, Curé d'Ingoville, secondé par trois ou quatre Prêtres du Havre, établit un Séminaire ou une Communauté de Prêtres, dont l'Archevêque de Rouen approuva les constitutions. Le Roi autorisa cet établissement par Lettres patentes du mois de Mai de l'année 1660. Ce Séminaire qu'on avoit eu intention de former sur celui de S. Sulpice de Paris, ne s'est point perpétué, du moins sur ce modele. La maison que Michel Bourdon y avoit destinée de concert avec les autres, fut remplie quelque tems par une partie des Ecclésiastiques du lieu qui payoient une pension. Mais enfin ils se séparerent, & cette maison demeura presque inutile. M. de Clieu autre Curé d'Ingoville, fit bâtir la chapelle à ses dépens, & y fit élever, on peut dire avec magnificence, trois autels, dont le principal est sous l'invocation de la Ste Vierge. Ce Séminaire qui porte le nom de Saint Charles, est toujours sur pied. On y trouve un dortoir, un réfectoire commun, une grande salle. Il a été long-tems la résidence des Curés du Havre qui en sont les Supérieurs nés selon les Statuts. La ville leur avoit donné d'abord un logement pour la commodité de leurs fonctions, la Fabrique de Notre-Dame en acheta un autre pour la même fin; mais ils préféroient la Communauté de S. Charles. Quelques Prêtres cependant y tenoient aussi des chambres sans y manger. Mais depuis le départ de M. de Quélen actuellement Evêque de Beth-

Idem, les Ecclésiastiques du Havre qui avoient eu sur leurs droits à la Communauté quelque différend avec lui, ont renouvellé leurs prétentions, ils sont rentrés dans le Séminaire, du moins un certain nombre, ils y mangent en commun, & ils y pratiquent sans doute toutes les observances de la régle. Mais les Curés d'Ingoville fatigués de ces chicanes, sont sortis du Séminaire, & ont pris ailleurs leur logement. Je ne suis pas assez instruit de la difficulté pour la discuter maintenant, & il ne m'appartiendroit point de la résoudre. Mais je pense que la Communauté n'ayant point de revenus suffisans pour nourrir les Prêtres, leur association dans ce lieu ne sera jamais que passagere.

Voyage de Madame au Havre de Grace.

Henriette d'Angleterre revint au Havre, & passa la mer avec la Reine sa mere pour assister au couronnement de Charles II. son frere, qui prit à Londres possession des Royaumes de la grande Bretagne (1661). Après les cérémonies de cette grande affaire, Madame s'embarqua pour revenir en France. Elle étoit accompagnée d'un jeune Comte Anglois épris de sa douceur, & qui n'avoit pû se résoudre à la voir partir sans la suivre. Ils quitterent l'Angleterre, & penserent mille fois périr par la violence des tempêtes. Le Seigneur Anglois rendit de grands services à la Princesse qui étoit expirante. Ils aborderent enfin au Havre où Madame fit quelque séjour pour rétablir sa santé & reprendre ses forces.

Les Pénitens s'établissent au Havre.

Cette même année les Religieux Pénitens du Tiers-Ordre de S. François s'établirent au bourg d'Ingoville. Dès 1659 ils avoient obtenu des Lettres patentes. N'ayant pû trouver dans la ville d'emplacement assez vaste, ou n'ayant pû convenir du prix de celui qu'on leur offroit ils eurent la permission de s'établir au pied de la côte. Ils se logerent d'abord fort à l'étroit dans une maison particuliere où cependant ils faisoient leur office, mais quelque tems après ils descendirent dans le terrein très-vaste qu'ils occupent aujourd'hui. La Reine Anne d'Autriche qui les protégeoit, fit poser, le 25 Août la premiere pierre de leur Eglise sous le nom de S. Joseph, par M. de Bondeville Lieutenant général au Bailliage de Caux. En l'année 1700 Mgr. le Prince de Conty fit placer ses armes sur la principale porte de ce Monastere.

1660, 1661, 1664. M. de Carnavalet eut pendant une année le gouvernement du Havre : M. de Navailles lui succéda, & le tint depuis 1661 jusqu'à 1664. Alors le Roi nomma pour Gouverneur de cette place M. le Duc de Saint-Aignan qui prit possession au mois d'Octobre de cette même année. Soixante jeunes hommes de la ville à qui se joignirent ceux de Harfleur & de Montivilliers, furent à cheval au-devant de lui jusqu'à la distance d'environ cinq lieues. Les Echevins & les Bourgeois le reçurent à la porte d'Ingoville avec les cérémonies accoutumées. Après la tradition des clefs on le conduisit à la citadelle.

1665. Le Havre est érigé en gouvernement de Province.

L'année suivante, le Havre de Grace qui depuis sa naissance avoit été compris sous le gouvernement militaire de la province de Normandie, en fut détaché pour former un gouvernement en chef & indépendant. Le Roi y annexa en même-tems avec les trois villes de Harfleur, de Montivilliers, & de Fécamp, 150 Paroisses ou environ du pays de Caux, voisines de la mer & de l'embouchure de la Seine. M. le Duc de Saint-Aignan devenu Gouverneur de Province, fit faire aussitôt le dénombrement des Citoïens propres à porter les armes, au-dehors de la ville sur le chemin des tuileries. On laissa 1000 hommes au-dedans pour la garder. Dans ces entrefaites le Roi qui avoit pris (1666) le parti des Provinces-Unies qui étoient en différend avec les Anglois pour leur commerce des Indes occidentales, envoya tous les Gouverneurs dans leurs gouvernemens pour faire la visite des côtes. M. de Montausier, Gouverneur de Normandie, eut dessein de venir visiter le Havre; mais ayant sçu que M. de St-Aignan avoit ordre de ne le recevoir que comme un Seigneur particulier qui en visite un autre, il s'abstint de ce voyage. Il voulut au moins faire la visite de Fécamp; mais il fut prévenu par le Duc de Saint-Aignan qui manda au Conseil, que la ville de Fécamp étant comprise dans le gouvernement général du Havre de Grace, elle n'étoit sujette qu'à sa visite, puisque le gouvernement du Havre étant démembré de celui de Normandie, ne conservoit plus aucune sujettion à celui de la province. Le Duc de Montausier fit valoir ses raisons, mais la Cour donna gain de cause à M. de Saint-Aignan.

Différens ouvrages.

Pendant ces années on dressa des levées de bois le long du rivage pour empêcher la chûte du galet qui combloit le port, malgré le travail des pionniers & la rapidité des écluses. Cette dépense parut assez inutile, puisqu'il suffisoit de relever deux jettées de pierre, bâties autrefois sous le foyer de guerre au pied de la côte. Cela a cependant un avantage, qui consiste à accumuler le galet dans l'intervalle des levées, & à faire un rempart très-propre à sauver le marais des coups de mer. Mais ces levées ne sont pas entretenues, & dès le tems du siége il y en avoit de semblables. (*a*)

(*a*) Anciennement on ne connoissoit point
Alors

Alors sous prétexte que l'eau des bares tomberoit avec plus de rapidité dans le port, si elle descendoit de plus haut, on ouvrit un canal entre Harfleur & le Havre. La mer le remplit en montant, & lorsqu'elle vient à descendre, à moins qu'on ne la retienne, l'eau retombe dans les fossés. On prétend que ce canal inonderoit la plaine en tant de besoin, & qu'on en fit l'épreuve devant le grand Colbert, quand il vint de la part du Roi visiter cette place. En trois jours, dit-on, les eaux couvrirent tout le terrein, excepté la chaussée, parce qu'elle est plus haute. Il falloit donc que ce fût dans les équinoxes ou les autres tems de grande marée; car il n'en est pas des inondations de la mer comme de celles des rivieres qui s'accroissent tout d'un coup par la fonte des neiges; les accrois-

ce fléau (le galet,) & il faut convenir que cette fécondité de la mer, est beaucoup nuisible. C'est un limon que les flots accumulent, & qui se durcit à l'air par le moyen du sel dont il est pénétré. Du moins, c'est ainsi que j'en ai vû se former sur la grève de Honfleur à Dive, où il y en a bien moins que sur nos côtes. On prétend que l'on trouve dans quelques-unes de ces galets, de très-beau crystal.

semens de la mer sont reglés & successifs; & si le besoin de l'inondation arrivoit dans les saisons où la mer diminue, j'appréhende fort qu'elle ne pût se faire. On auroit beau tenir les écluses ouvertes pendant trois jours, le second jour n'apporteroit point de différence au premier, & dès que les eaux comprises dans les quais seroient de niveau avec les eaux extérieures, il auroit un repos dans l'inondation, à moins peut-être qu'on ne détournât la lézarde pour la faire courir sur une partie de la plaine. Mais outre que cette riviere n'est guères qu'un ruisseau, le terrein qui avoisine les fossés du Havre, est aujourd'hui tellement élevé, que je crois pour l'ordinaire l'inondation impossible.

1667. On fit encore d'autres travaux. On creusa le bassin une seconde fois, & du limon qu'on en tira, on forma la demi-lune qui se trouve au-devant du bastion de la Musique au milieu duquel on éleva un très-grand cavalier. Le pont qui sert de passage aux deux quartiers de la ville, n'étoit soutenu que sur des mâts qui traversoient toute la largeur, on fit un pont-levis double ou coupé qui ne fut pas plus

commode, & on ferma le baſſin par deux
écluſes ou portes doubles d'une grandeur
immenſe & d'un poids énorme qui y re-
tiennent la marée. Il paroît cependant
qu'il y en avoit avant celles-ci. Il arriva
alors une choſe fort ſinguliere, qui devoit
arriver en pareille occaſion. La mer étant
pleine dans le port, & le baſſin étant
vuide, une des deux portes qui ſoutien-
nent les eaux du port, vint à manquer.
A l'inſtant la mer entra dans le baſſin
avec un bruit horrible, entraînant avec
une rapidité prodigieuſe pluſieurs vaiſſeaux qui pirouettoient. M. de Saint-Aignan fit attacher ſous la plate-forme qui
ſoutient ces écluſes, une lame de cuivre
avec ſes armes & ſon nom. Ces travaux
du baſſin, ou qui lui appartiennent, ne
furent achevés qu'en 1669.

1667. On éleva encore le long des
murs de la ville, deux grandes corderies pour filer les cables, & une forge
dans la demi-lune qui ſert d'entrée à la
campagne. La corderie du quartier
Saint François, fut faite aux dépens de
la Compagnie des Indes qui avoit ſon
ſiége en cette ville. Mais la grande corderie du côté de la mer, eſt la corderie
royale.

1669. Il n'y avoit point encore de magasins, ou du moins d'arsenal pour la marine. Le Roi acheta la place d'un ancien hôpital & quelques maisons adjacentes sur la rue, pour le construire. Nous en parlerons dans la description. Sa Majesté fit encore l'acquisition de la Cour-Chevalier, où les Habitans construisoient leurs navires. Elle étoit occupée par des jardins & quelques logemens. Cela fut rasé, & elle devint le chantier de construction pour les vaisseaux du Roi seulement. Enfin la Cour envoya un Commissaire général pour la marine.

Hôpital général.

1669. Il falloit bâtir l'hôpital, & l'on ne sçavoit où le placer. On parla d'abord de le fonder auprès de Sanvic en très-bon air. Ensuite on le transfera au-dessus du Havre du côté de Graville où il est maintenant, mais où il n'a pas l'eau avec tant d'abondance. On dédommagea le Seigneur de Graville pour ce que l'on prit de terrein, & M. du Tuit donna généreusement sa ferme qui étoit à la mi-côte. On en jetta les fondemens en l'année 1669, & on lui donna le nom de Saint

Jean-Baptiste: mais il n'a pas été achevé tout d'un coup. Le Roi régla que l'administration en appartiendroit conjointement au Lieutenant de Roi, au Curé, & aux Echevins. Mais par Arrêt du Conseil du 5 Novembre 1686 il fut ordonné qu'elle seroit dévolue d'abord au Curé pour toujours, & avec lui à trois autres Administrateurs, & à un Receveur, lesquels seroient élus de manière que tous les ans il en sortiroit un de charge. Les Lettres patentes de l'érection de cet hôpital sont du 16 Mai 1669 ; elles y unissent, dit-on dans un aveu produit en 1723 en la Chambre des Comptes de Rouen, outre la chapelle de S. Roch, un grand nombre de léproseries éteintes dans le pays. Mais on prétend qu'il y a un peu de confusion dans cet aveu. Il faudroit avoir vû les pièces pour discuter cette prétention dont l'objet, quoique peut-être intéressant pour l'hôpital du Havre, ne l'est pas assez pour l'histoire de cette ville. Je ne m'y arrêterai donc pas : je dirai seulement que les biens du consistoire & du prêche de Sanvic auprès du Havre, ont dû appartenir à cet hôpital conformément aux Déclarations du Roi des années 1683 & 1684.

A l'égard de la chapelle de S. Roch, les Curés du Havre prétendent qu'elle n'est pas comprise dans cette réunion, & cette incertitude a souvent causé des querelles. La ville du Havre acheta en 1587 environ deux acres de terre qu'elle fit clorre d'un mur, pour servir aux pestiférés en cas de besoin. Il paroît donc que la ville en doit toujours avoir la disposition pour le cas de la peste. Mais l'on dira que l'hôpital est chargé de ce soin. Du moins il a la possession du revenu de ces acres, qui assurément est très-modique. Car il ne s'agit que d'un droit d'honneur pour faire tous les ans l'office de S. Roch dans cette chapelle qui n'est point en titre. Par cette réunion de léproseries, l'hôpital du Havre est devenu général, & l'intérieur de la maison est gouverné par des Sœurs de la Congrégation de S. Thomas de Villeneuve, dont Mgr. l'Archevêque de Paris est maintenant le Supérieur. Ces Filles y ont été reçues par accord fait entr'elles & l'hôpital, au mois de Mars 1728.

1669. Le Frere Constance, Capucin du Havre, après avoir long-tems cherché des sources d'eau vive, & passé pour cela grand nombre de nuits, à ce qu'on prétend, la face contre terre, en découvrit enfin qu'il rassembla au pied de la côte. Les anciens canaux étoient de plomb, il en fit faire de grès, qu'il conduisit depuis le château d'eau jusqu'au bastion de S. André dans lequel ils se partagent. Cette découverte d'eaux très-bonnes & très-pures, fut bien avantageuse à la ville du Havre. La premiere fontaine qui en donna, s'appella la fontaine de l'Esprit.

1670. L'année suivante est fameuse par le naufrage du navire nommé le Rouen. Ce vaisseau bâti dans le port du Havre pour aller en Perse, étoit armé de 70 piéces de canons. Ayant manqué le vent au sortir du port par une mauvaise manœuvre, le Pilote s'efforça de gagner la fosse du Hoc, dans l'espérance d'y trouver un fond solide. Le vaisseau s'avança d'abord assez heureusement, mais entre le Hoc & l'Hospice des Neiges où le moüillage étoit autrefois si excellent, lorsque la ville d'Harfleur étoit dans sa gloire, il fut abîmé dans les sables mouvans sans qu'on pût rien sauver de son artillerie, ni de sa charge. Ce fut une perte de plus d'un million, & l'on a vû pendant 20 ans l'extrémité de son grand mât s'élever encore au-dessus des flots, & rappeller toujours la triste idée de ce naufrage. Le Capitaine qui étoit absent fut puni de mort, & on punit diversement les Officiers coupables.

La Compagnie des Indes abandonne le Havre.

1670. On vit aborder dans ce port deux vaisseaux de 400 tonneaux qui apportoient de Perse & de la Chine grand nombre de marchandises curieuses qui attirerent tant de Marchands forains, & tant de personnes même de qualité, que plusieurs furent obligées de passer les nuits au milieu de la rue, dans leurs carosses. La Compagnie des Indes, à laquelle ces navires appartenoient, quitta depuis le port du Havre, pour aller en Bretagne s'établir à l'Orient, dont elle fait seule tout le commerce.

Il ne sera pas hors de propos de donner ici quelque explication au sujet de cette Compagnie, & de remonter même jusqu'à l'origine de ces sortes de Sociétés. François I. qui avoit fondé le Havre

autant

autant pour en faire un entrepôt de commerce, qu'un arsenal de marine, avoit donné plusieurs Edits favorables, dans la vûe de faire naître l'émulation, & d'animer ses Sujets à faire des voyages dans la mer du sud & dans celle des Indes. Ceux que l'on fit en conséquence, furent peu de chose, & nous ne voyons rien de considérable avant l'armement du Capitaine le Liévre d'Honfleur en 1616, & celui du Capitaine Beaulieu en 1619, qui conduisirent chacun aux Indes orientales une escadre de trois gros vaisseaux, dont une partie revint en France, très-richement chargée. Les Négocians du Havre y envoyerent aussi plusieurs navires & paroissoient avoir à cœur d'étendre ce négoce. Ceux de Dieppe y envoyerent pareillement. Mais ce n'étoient-là que des entreprises particulieres qui n'avoient ni assez de suite, ni assez de stabilité. Le Cardinal de Richelieu qui depuis qu'il étoit devenu Sur-Intendant de la navigation & du commerce, travailloit ardemment à augmenter la gloire & les richesses du Royaume, avoit procuré, ou du moins favorisé plusieurs établissemens relatifs à cet objet. Sous ses auspices, Ricaut, Capitaine de vaisseau du Roi, fut auteur de la premiere Compagnie des Indes en 1642. Il obtint une concession exclusive pour dix ans, & au mois de Septembre de l'année suivante il la fit confirmer par Lettres patentes de Louis XIV. qui venoit de succéder à son pere. Il est donc très-vraisemblable que comme le Havre étoit alors fort renommé pour les belles fortifications que Louis XIII. venoit d'y faire construire, & que le Cardinal de Richelieu étoit en même-tems Gouverneur & Protecteur de cette ville ; il est, dis-je, très-vrai-semblable, que dès le commencement cette Compagnie choisit son port pour être le refuge de ses vaisseaux & le centre de son commerce.

La Compagnie des Indes, après diverses avantures entremêlées de mauvais succès, prit une nouvelle forme en 1664, & fit partir de Brest ses premieres flottes; ce qui n'empêchoit point qu'elle n'eût toujours son azile au Havre. Elle fut encore changée en 1670, & il y a apparence que c'est par une suite de ce renouvellement, qu'elle abandonna le port du Havre pour se retirer dans ceux de l'Orient & du Port-Louis. Elle eut encore des contre-tems, & céda une partie de ses privileges aux Armateurs de Saint-Malo, qui soutinrent les débris de cette Société jusqu'en l'année 1719, qu'elle fut réunie après tant de changemens à la Compagnie des Indes occidentales, sous le nom de Compagnie des Indes.

1675. M. le Duc de Saint-Aignan fit la revûe des hommes de son gouvernement dans la plaine de Fougueuse-Mare, à six lieues de la ville. Les Paysans & les Nobles s'y trouverent également. Des gens de guerre du Havre, de Harfleur, de Montivilliers, Fécamp, & autres lieux; il forma une petite armée, ou plutôt un camp, où la Cavalerie étoit à droite, & la Noblesse à gauche, avec trois canons placés au centre.

1680. L'Ordonnance de 1680, touchant les Gabelles, confirma dans le titre 4e, le privilege qu'a le Havre, de faire venir des marais de Brouage, sa provision de sel pour deux ans. Un an après, le Roi y envoya (1681) un Intendant de Marine, avec les Officiers convenables. C'étoit M. Arnould qui fit fermer d'une muraille le baſſin & le chantier de conſtruction. Sa Majeſté créa dans le même tems des écoles de marine, de mathématiques & d'artillerie, dont on fait les leçons dans des ſalles de l'arſenal. La ville de ſon côté avoit pourvû à l'éducation des enfans. Outre qu'elle contribue à l'inſtruction qui ſe donne dans les écoles de l'arſenal, elle fournit un logement & des gages à deux Maîtres, pour enſeigner les humanités & la réthorique. Cet établiſſement n'a point de patentes, & ne peut en rigueur s'appeller College. Je ne ſçai pourquoi la ville du Havre n'a pas impétré ces ſortes de Lettres, qui rendroient cet établiſſement plus ſtable & plus noble, & dont les fonctions exigeroient alors des Maîtres ès-Arts qui ſeroient véritablement Profeſſeurs. On ſouhaiteroit même qu'on y fondât une chaire de philoſophie qui allumeroit l'émulation & l'empêcheroit de s'éteindre.

Louis XIV. étoit au comble de la gloire, & les Nations les plus reculées s'empreſſoient à lui rendre hommage. Mais ſes voiſins jaloux de ſon pouvoir, firent une Ligue à Auſbourg & à Veniſe pour l'arrêter. En 1688, les Hollandois firent par mer de grands préparatifs de guerre, & il étoit douteux s'ils menaçoient les côtes de France, ou Jacques II. Roi d'Angleterre. On résolut alors dans le Conseil d'ajouter de nouvelles fortifications à la ville du Havre.

1688. *Différens ouvrages.*

On ne put démolir qu'à force de mines & à très-grands frais l'ouvrage à cornes qu'avoit fait faire le Cardinal de Richelieu. C'étoit une longue courtine revêtue de briques rouges, & si bien composée dans l'intérieur, de rocs & de mastic, qu'il étoit presque impossible de la ruiner. M. de Vauban lui substitua une grande demi-lune, revêtue de briques & de pierres, dans le fossé qu'on rendit beaucoup plus large & plus profond, & l'on pratiqua vis-à-vis, des chemins couverts très-réguliers, depuis la porte du Perré jusqu'au-delà du bastion de Sainte Adresse, qu'on remplit d'une terrasse, ainsi que le boulevard de Saint-André. On remplit aussi leurs casemates. A l'égard de la citadelle, on fit pareillement un chemin couvert du côté des champs, on le munit de palissades, &

l'on ouvrit un avant-foffé large & profond, qui fe trouve précifément au milieu de l'ancienne crique. Ce fut alors qu'on rafa le manoir de Percanville qui avoit fubfifté jufqu'à ce tems, & en même-tems les ruines des fortifications du premier Havre, qui avoient encore huit & dix pieds de haut. Il n'en refta que les flancs d'un vieux baftion du côté de Leure, à la hauteur de deux ou trois pieds, qui vrai-femblablement font des morceaux du grand fort de Leure. Il y a cependant toujours le jardin de Percanville, dont le Lieutenant de Roi a l'ufage, en l'abfence du Gouverneur. On crut avoir mis par-là cette ville à l'abri des infultes, & on remit pour un autre tems à creufer les foffés du côté de la campagne, & à les couvrir de la même maniere que ceux du côté de la mer. Mais ces travaux font encore à faire, & les fortifications du Havre manquent d'égalité. On finit ces ouvrages en 1690, & on abatit la tour d'Oife fur la jettée du fud, tandis qu'on fit faire à l'épreuve de la bombe un magafin aux poudres, dans l'intérieur d'un vieux baftion de la premiere enceinte, fur le bord du bassin de la Florinde ou Floride qui sert de réservoir à l'écluse. On fit aussi en même-tems sur le canal le nouveau pont de bois, tournant, très-ingénieux & très-commode, dont nous ferons la description.

1690. Pendant la guerre qui fut terminée par la paix de Riswik, on bâtit dans ce port, régulierement chaque année, un ou deux vaisseaux de soixante à soixante-six canons, & ce fut-là qu'on arma les convois destinés à escorter les navires du côté de la Rochelle, ou de celui de Dunkerque.

Guillaume de Nassau, Prince d'Orange, s'étoit emparé du trône d'Angleterre, où il avoit été reçu d'un consentement général, & le Roi Jacques II. son beau-pere, trahi & abandonné par ses Sujets, s'étoit réfugié en France, avec la Reine son épouse, & le Prince leur fils. La guerre fut bientôt allumée par toute l'Europe, & la France eut à combattre tout à la fois, l'Empire, l'Espagne, l'Angleterre, la Savoye, & la Hollande. Malgré les efforts de tant d'ennemis, nous remportâmes plusieurs victoires. Notre armée navale ayant défait dans la Manche les flottes de Hollande & d'Angleterre, vint à la rade du Havre prendre des rafraîchissemens, (1690) & mettre à terre les blessés, qui causerent dans ce lieu beaucoup de maladies. Le gros de l'armée se retira dans le port de Brest, & le plus grand nombre des galeres descendit au Havre. On y en bâtit même deux cette année ; mais cette espece de navire n'étant pas faite pour des mers vives & orageuses, on les fit monter à Rouen pour les dépecer, excepté quelques-unes qui furent envoyées à S. Malo, & dans d'autres ports où l'on appréhendoit les bombardemens. Il en falloit donc garder dans le port du Havre, mais parce que la ville refusa de les entretenir, il n'en demeura pas une seule.

Armement au Havre de Grace.

La France continuoit d'être victorieuse ; mais la bataille de la Hogue apporta quelque changement. Jacques II. comptant sur les intelligences qu'il croïoit avoir en Angleterre ; Louis le Grand fit équiper tous les vaisseaux des ports de Normandie, pour porter des troupes dans ce Royaume. Grand nombre s'embarquerent au Havre, mais pendant que les navires étoient à l'ancre, à quelque distance du port, il parut tout d'un coup neuf vaisseaux Anglois qui s'avancerent pour les canoner. Ils n'oserent néanmoins descendre au-dessous de l'Eclat, & se contenterent de tirer chacun leur volée de canon contre trois frégattes qui étoient à la tête, & qui se disposerent au combat à l'arrivée de l'ennemi. Cependant l'escadre de la Méditerranée tardoit à joindre celle du Ponant. Le Roi ordonna au Comte de Tourville, Vice-Amiral de France, de se rendre à la Hogue, & de combattre les Anglois s'ils s'opposoient à lui. On donna la bataille où les ennemis eurent quelqu'avantage sur les François qui étoient beaucoup inférieurs en nombre, & qui avoient le vent contraire. Plusieurs vaisseaux furent brûlés, d'autres coulés à fond; il s'en sauva le tiers à S. Malo & au Havre de Grace, où l'on apporta les canons qu'on avoit repêchés. Nous fîmes bien un autre progrès par la prise de Namur, dont le Roi lui-même fit le siége. Cette prise fut suivie d'une foule de conquêtes qui firent voir de plus en plus la supériorité de la France. Les ennemis, au désespoir, exercerent leur impuissante rage sur les villes maritimes du royaume, qu'ils bombarderent.

Ils avoient onze galiotes à bombes, & environ quarante autres navires de différentes grandeurs. Ils firent leur coup d'essai sur la ville de Dieppe le 22 de Juillet 1694, & la brûlerent. On dressa sur le champ quelques batteries au Havre sur le bord de la mer, & jusqu'auprès de la jettée.

1694. Bombardement du Havre de Grace.

La flotte Angloise parut à la rade le 26 de Juillet, & sur les deux heures après midi, elle s'avança par la bande du nord pour bombarder la ville. Mais elle fut obligée presque aussitôt de reprendre le large pour éviter le feu des batteries qui tiroient contr'elle. Cependant la marée ramena les vaisseaux, & l'on tira sur eux de dessus les boulevards de la ville. Sur les cinq heures, on leur coula à fond une galiote à deux mortiers par l'effet d'une bombe qui partit du bastion de Sainte-Adresse, & qui ayant mis le feu à ses poudres, la fit sauter en l'air.

M. le Maréchal de Choiseul arriva sur le soir, mais pendant la nuit qui les déroboit à la vue, on ne put leur faire aucun dommage, tandis qu'ils ne cessoient de tirer au hasard & presque toujours au même endroit ; ce qui mit le feu à une maison qui en consuma plusieurs autres. Ils s'étoient retirés aux environs de Leure, dont la rade étoit apparemment inconnue aux Ingénieurs du Havre, qui n'avoient fait élever de ce coté-là aucune batterie ; & prenant ainsi la ville en flanc, ils bombarderent d'un bout à l'autre jusqu'à la tour, qui étoit de ce côté-là la seule défense, parce qu'on n'étoit pas préparé sur les bastions de la citadelle. Ils auroient continué avec grand succès ; mais le bonheur du Havre voulut qu'une forte pluye, le vent, & la marée, les contraignissent de regagner la grande rade.

On profita de cette interruption d'hostilités pour faire quelque travail à une des batteries, & la mettre en état de tirer à boulets rouges, comme on avoit fait la veille. D'autre part on continua d'enlever les meubles, on dépava les rues pour la plûpart, on mit devant les portes des bariques pleines d'eau, & l'on fit brûler hors de la ville dans les marais, toute la paille des lits, comme ayant causé le premier incendie. Cela produisit une épaisse fumée qui couvrit toute la ville jusqu'à midi, ce qui fit croire aux ennemis, qui tiroient continuellement dans ce feu en pure perte, que tous les édifices étoient réduits en cendres. Mais quand ils virent reparoître le faîte des maisons, ils recommencerent à lancer des bombes de tous côtés, & continuerent pendant toute la nuit du 28e.

On en compta deux cens ou environ depuis cette reprise, qui ne causerent pas grand dommage, & le total de celles qu'ils avoient lancées pouvoit aller à onze cens. Il s'éleva le premier Août un vent impétueux qui les fit partir, & délivra la ville de leurs insultes. Un seul homme périt par son imprudence, mais il y eut sept maisons de brûlées, un assez grand nombre d'endommagées, & tout le désastre qui se présume par plusieurs choses, pouvoit aller à cent mille écus.

On avoit fait sortir les gens inutiles, qu'on envoyoit sur la côte; mais avant que ce peuple affligé abandonnât sa patrie, le Curé Jean-Baptiste de Clieu, homme d'un grand mérite, & d'une tendre dévotion à la Mere de Dieu, lui fit au pied de l'Autel une priere touchante qui tira les larmes des yeux de toute l'assemblée, lui recommanda la chapelle & la ville de Grace qui lui appartenoient, & fit, ou renouvella le vœu solennel qui met la ville du Havre sous la protection de la Sainte Vierge sa Patrone. Ce vœu fut adopté de tout le monde; & tous les ans, le soir du jour de l'Assomption de Notre-Dame, on porte le Saint Sacrement dans les rues voisines de l'Eglise avec le plus grand appareil, & au retour de la procession, le Célebrant, au pied de l'Autel fait en françois la lecture de ce vœu de la ville du Havre, qui regarde avec raison la Sainte Vierge, comme sa Protectrice.

Il faut remarquer ici qu'à l'occasion de ce bombardement, les Hollandois firent frapper une médaille avec cette légende en latin: *le port du Havre brûlé &*

renversé. Cette médaille étoit fausse, & ce triomphe bien chimérique. Cependant, quoiqu'on ait raillé les Hollandois sur cette médaille qui est totalement décriée, M. de Voltaire en a pris la défense dans son siécle de Louis XIV. Après avoir dit qu'il n'y eut véritablement que vingt maisons d'écrasées & de brûlées par les bombes, il assure que le port fut renversé. » C'est en ce sens, » dit-il, que la médaille frappée en » Hollande est vraie, quoique tant d'Au-» teurs François se soient récriés sur sa » fausseté. L'inscription ne dit pas que » la ville fût consumée, ce qui eût été » faux ; mais qu'on avoit brûlé le port, » ce qui est vrai. « C'est précisément ce qui est faux ; & pour donner quelque ombre de vérité à cette ridicule médaille, il eût fallu la faire à rebours de l'explication de M. de Voltaire, puisque ni les fortifications, ni le port, ni les vaisseaux qui y étoient, ne reçurent aucun dommage, au lieu qu'il y eût sept maisons de consumées par le feu des bombes. Ce que je dis est attesté par quantité de témoins qui vivent encore, & par les relations qui furent adressées à la

Cour & aux Miniſtres. Ainſi la médaille méritoit d'être caſſée, & M. de Voltaire qui la défend, a conſulté des Mémoires étrangers & défectueux.

1695. L'année ſuivante, on dreſſa de nouvelles batteries, & on les garnit de canons apportés de la Hogue, dont on avoit fait l'épreuve. On rétablit le fort Lucé ou de Saint-Aignan, & on en bâtit deux autres du côté de la jettée. On en conſtruiſit même aux environs de Leure, où l'on en avoit reconnu le beſoin; on plaça ſur la jettée du nord quatre gros canons, & un mortier ſur celle du ſud. On environna la tour Vidame de deux batteries ; on fournit d'artillerie le baſtion de la citadelle qui commande le plus ſur la mer, ainſi que la butte où l'on s'exerce à tirer le canon ; on pratiqua une redoute à la mi-côte de la Héve, pour empêcher les deſcentes ; enfin on équipa trente doubles chaloupes, qui devoient avoir chacune cinquante hommes avec un canon, pour accrocher les galiotes ; mais ces précautions furent inutiles, & les Anglois allerent attaquer Calais & Saint Malo.

Les prodigieuſes dépenſes de cette

guerre altéroient les finances. Outre le secours des levées, le Roi créa quantité d'offices, avec de beaux privileges : la ville du Havre les acheta, excepté la Mairie, dont un Particulier fit l'acquisition, & le corps de ville fut alors composé d'un Maire & de quatre Echevins; mais la ville racheta, dès qu'elle put, l'office de Maire, & ce sont les Echevins qui l'exercent par indivis.

1697. L'Archevêque de Rouen voulut aussi gratifier le Havre. Il y érigea un Doyenné rural, composé de quarante Paroisses ou environ, qu'il démembra du Doyenné de Saint-Romain.

Après la paix de Riswik, on ôta les défenses extraordinaires (1698), mais on conserva celle de la grande jettée. Alors le commerce commença à refleurir au Havre, & deux compagnies s'y établirent pour Salé & le Sénégal; mais leur entretien monta trop haut, & elles tomberent.

On ne fut pas longtems sans reprendre les armes, & le calme qu'on s'étoit procuré, ne fut pas de longue durée. Il fallut soutenir dans la possession du royaume d'Espagne Monseigneur le Duc d'Anjou,

que

que le dernier Roi, mort sans enfans, avoit nommé pour son héritier. L'Angleterre & la Hollande avoient pris (1700) le parti de l'Archiduc compétiteur de ce Prince. Comme on appréhendoit que les ennemis ne descendissent au Havre pour se saisir de cette barriere, on délibéra, pour la seconde fois, d'en démolir les fortifications. Le résultat fut encore pour la négative, & il fut ordonné de rétablir tous les anciens retranchemens.

1705. Au mois de Décembre 1705, un coup de vent impétueux enleva la moitié de la grande digue, avec la batterie qui étoit dessus. Je n'ai pû marquer en quel tems on avoit construit ce mole. Mais on ne doit pas remonter pour cela jusqu'à Henri III. avec M. du Bocage, qui a dit par une expression incertaine & peu correcte, que ce Prince fit construire & prolonger les jettées. J'ai marqué les ouvrages qu'avoit fait faire Henri III. sous la direction de M. de Villars. Jusqu'au regne de Louis XIV. la jettée du nord n'étoit autre que celle où fut mouillé Henri II; & de l'autre côté la muraille qui forme le port, ou, si l'on

Q

veut, la jettée du sud, finissoit à cette échancrure extérieure qu'on voit auprès de la tour Vidame. On peut consulter sur cela les plans du Havre de Grace, qu'a gravés M. de Fer, sous le dernier regne. La jettée du nord n'y va pas plus loin que cet endroit où se trouvent les barrieres auprès des écluses. Il falloit être un Richelieu, ou quelqu'un des grands Ministres de Louis XIV, pour entreprendre & finir un ouvrage comme celui de la jettée que renversa la tempête. L'esplanade de ce côté-là étoit encore fort étroite, la mer saisissoit de fort près la porte du Perré, & cette prodigieuse digue, qui alloit aussi loin, & même plus loin que celle d'aujourd'hui, sans faire aucun détour, éprouvoit toute la violence des flots depuis un bout jusqu'à l'autre. Elle étoit de bois, & au-dedans remplie de galet qui tomba dans le port, & en combla l'entrée. Plusieurs vaisseaux firent naufrage au milieu même du canal. Alors on cessa le travail de la digue opposée qu'on allongeoit de 30 toises, pour en commencer une de pierres de taille du côté du nord. On l'avança de 40 toises environ, mais un second tour billon jetta le galet contre cet ouvrage, & l'interrompit jusqu'à l'année 1711.

1708. On avoit négligé la voûte de la tour, qui menaçoit ruine. Elle tomba en 1708 & ne fut réparée qu'avec des frais considérables. Trois ans après on reprit l'ouvrage de la jettée, & afin que rien ne retardât les Ouvriers (1711), on fit venir jusqu'auprès des travaux une veine d'eau qu'on détourna des fontaines.

Dans cette même année on fit dans l'Eglise de Notre-Dame un grand service pour Mgr. le Dauphin. Il y eut mausolée & oraison funébre par M. de Clieu Curé de la ville. Même service l'année suivante pour Mgr. le Duc de Bourgogne & pour la Princesse son épouse Marie-Adélaïde de Savoye. Un Capucin de Caudebec fort éloquent fit l'oraison funébre.

1713. La paix d'Utrecht étant publiée, on détruisit Dunkerque. Les Officiers de ce port furent envoyés au Havre avec deux Compagnies de Soldats de Marine.

1714. M. le Duc de Beauvilliers Gouverneur de Mgr. le Duc de Bourgogne, avoit succédé en 1689 à M. le Duc de Saint-Aignan son pere, & avoit comme lui, pendant son gouvernement, bien mérité de la ville du Havre. Elle le perdit en 1714, & lui fit élever un catafalque dans l'Eglise de Notre-Dame, où M. Savary, Prêtre du lieu, prononça l'oraison funèbre. On fait tous les ans ce service.

Louis XIV. mourut l'année suivante, 1715. On dressa dans la même Eglise un magnifique cénotaphe, & l'on exalta les qualités & la gloire immortelle de ce grand Prince,..... Il est étonnant que dans la durée d'un si long regne, Louis XIV. n'ait pas jugé à propos de visiter le Havre. Ce ne fut point toutefois par indifférence pour cette ville ; il a été un de ses plus grands bienfacteurs, puisque pour lui donner un rang distingué dans la province, il a élevé son gouvernement au dégré des gouvernemens généraux, qu'il en a fait augmenter & perfectionner les fortifications, qu'il y a fondé des Ecoles de Mathématiques, établi une marine reglée pour donner à ce lieu le département de toute la province, qu'il a favorisé son commerce, & envoyé dans ce port MM. de Colbert & de Vauban, pour dresser les plans d'un nouveau bassin qu'il vouloit y faire construire.

LOUIS XV. LE BIEN-AIMÉ.

La jettée du nord-est, dont on avoit repris le travail, s'écartoit du lit de l'ancienne, à mesure qu'elle s'avançoit, & s'établissoit dans l'endroit du canal le plus profond. Elle fut achevée en 1716; on vit alors un évenement singulier. Le 30 de Novembre, la mer monta plus haut qu'elle n'avoit fait depuis 80 ans, quoiqu'il y eût peu de vent; & ce qui est encore plus remarquable, pendant 24 heures, espace ordinaire de deux marées, le port fut presque toujours également plein.

1722. M. le Duc de Mortemart avoit possedé le gouvernement du Havre pendont quatre années ou environ : M. le Duc de S. Aignan qui y avoit été nommé dès 1719, vint en prendre possession en l'année 1722. La ville le reçut à la porte, le complimenta, & lui remit les clefs. Il entra au bruit des cloches & de l'artillerie, au milieu des Bourgeois qui étoient sous les armes. Il y eut illuminations & feux d'artifice, & le peuple témoigna beaucoup de joye de son arrivée. Il examina & mit en ordre toutes les affaires.

1724. Deux ans après on jetta les fondemens du bâtiment de manufacture pour le tabac. Dès 1721 on avoit établi dans le quartier de S. François un hôtel de la Monnoye, à l'instigation du fameux Law ; cet établissement ne fut pas de longue durée, & il fut remplacé par celui de la manufacture. On avoit assez long-tems préparé le tabac dans une maison particuliere : Mais on avoit besoin d'appartemens spacieux & commodes ; on les bâtit près du quai de la Bare à la proximité des PP. Capucins qu'on indemnisa pour quelques terreins pris sur leur Monastere.

1727. La France s'étant unie avec l'Angleterre & la Hollande, on arma des vaisseaux & des galeres. On en bâtit grand nombre au Havre de Grace, & l'on fit venir tous les Cordiers de la province pour fabriquer les cordages dont on avoit besoin pour cet armement.

1729. *Fêtes publiques pour la naissance de Monseigneur le Dauphin.*

La naissance de Mgr. le Dauphin fut la félicité de la France, & porta la joye dans tous les cœurs. La ville & la marine se disputerent au Havre l'honneur de la célébrer avec plus de magnificence. La marine commença, & fit construire sur la jettée du sud un fort beau feu d'artifice. Il avoit trois faces sur chacune desquelles on lisoit les noms augustes du Roi, de la Reine, & du Prince désiré dont le ciel gratifioit la France. L'exécution en fut heureuse, après qu'on eût lancé grand nombre de fusées. Le bassin dont on avoit lâché les eaux, étoit environné de lumieres, dont plusieurs pyramides de feu dessinoient les compartimens. Tous les vaisseaux illuminés formoient par la hauteur & la multitude de leurs différentes piéces, une décoration dont on a de la peine à se représenter l'effet surprenant, & mille pavillons de diverses couleurs qui voltigeoient au gré du vent dans cette forêt de navires, relevoient encore singulierement ce point de vue.... M. de Bégon Intendant, donna une fête à part. Il fit dresser devant son hôtel trois pyramides de lumieres, & on y lisoit des vers à la louange du Dauphin, qu'on avoit attachés avec des guirlandes de fleurs autour de son image. On eut le divertissement de deux feux d'artifices,

& la fête fut couronnée par un magnifique régal.

Les réjouissances de la ville furent annoncées par le canon & le son des cloches, & tous les travaux cesserent à l'extérieur pendant trois jours. Le *Te Deum* d'action de graces fut chanté solennellement dans l'Eglise de Notre-Dame par le Clergé de la ville accompagné des Réguliers, & tous les Ordres y assisterent avec le Corps de ville que précédoient les drapeaux, les tambours, & les instrumens. Les Bourgeois étoient sous les armes autour de l'Eglise, & les salves d'artillerie étoient continuelles. Avec la même pompe l'Assemblée fut à la place d'armes allumer un feu de joye, & l'hôtel de ville fut illuminé avec beaucoup de goût & de magnificence. On illumina de même tous les édifices, & il y eut un grand festin où l'on avoit convié plus de 300 personnes. La joye fut extrême, le vin couloit à la discrétion du peuple, & on distribua aux pauvres du pain & de l'argent.

1733. Les soldats de marine n'avoient point de maison qui leur fût propre; ils étoient dispersés çà & là, & logés aux dépens

dépens de la ville. Pour remedier à leurs brigandages, & mettre les Citoyens à couvert de leurs insultes, elle acheta un grand nombre de maisons voisines du bassin, & fit élever deux grands corps de casernes, sur une cour où l'on fait l'exercice. Ce bâtiment coûta à la ville plus de soixante mille livres, quoique le Roi qui s'engagea à l'entretenir, fournît encore de son chantier, la valeur de dix mille livres de bois de charpente.

1735. Madame la Gouvernante mourut en l'année 1735. On lui fit un grand service dans l'Eglise de Notre-Dame avec un catafalque au milieu de la nef. Le canon précéda le jour de la cérémonie, & l'on fit pendant la Messe des décharges par tems égaux, & à la fin une salve de toute l'artillerie. Plus de mille hommes sous les armes environnoient l'Eglise, tandis que les Officiers de la garnison, ceux de la marine, & tous les Ordres étoient au-dedans avec le Corps de ville. M. Nollent, Prêtre du lieu, prononça l'oraison funébre.

1736. Un an après, M. de Maurepas Ministre de la Marine, vint faire la visite u Havre de Grace. Les préparatifs que l'on fit dans ce port pour le recevoir, furent annoncés dans toutes les Gazettes. Il y eut plusieurs feux d'artifice, on jetta des fusées en très-grand nombre, & des bombes artificielles qui faisoient dans l'air un effet agréable. Il y eut encore des joûtes sur les eaux du bassin, & l'on y jetta des pots-à-feu qui flottoient longtems avant que de s'élever & de se disperser avec un bruit de foudre. On vouloit donner aux Spectateurs le plaisir d'un combat naval à quelque distance de la ville. On fit sortir pour cela deux fregates, & quantité de petits navires ornés de pavillons, dont les Mariniers étoient vêtus de soye en différentes couleurs; les tambours & les instrumens qui accompagnoient cette jolie flotte, faisoient retentir le rivage où le peuple étoit nombreux comme le sable de la mer, & le tems étoit d'une sérénité parfaite. Mais malheureusement une des deux frégates s'égara dans la Seine par une mauvaise manœuvre dont peut-être un excès de joye étoit la cause, & n'ayant pû surmonter le vent, frustra l'assemblée de son plaisir & de son attente. Il y vint des curieux de toutes les parties du royaume, qui divertirent les habitans par différentes scènes, & leur procurerent du profit, attendu que les chambres se louoient très-cher. Encore un très-grand nombre de ces Pelerins fut-il obligé de coucher dans la rue.

L'année suivante, la ville fit relever l'avenue d'Ingoville, & préparer de telle sorte, que du milieu de sa largeur, elle s'abaisse insensiblement aux extrémités ; elle forme trois allées dont la principale égale au moins en largeur celle des Tuilleries, & la passe en longueur; elle contient environ 800 arbres. La grande allée bordée de pierres de taille est destinée aux voitures, les contre-allées sont pour la promenade, & forment à présent de très-beaux berceaux. On a placé des bancs à égale distance, & comme elle est terminée par deux fers à cheval à l'entrée de la ville, les siéges de cette partie ont la même figure. Cette avenue s'élargit beaucoup vis-à-vis de la demi-lune, & comme les derniers arbres sont dans quelqu'éloignement à l'égard de la porte, cela forme une esplanade où le peuple en entrant se trouve réuni. C'est le cours de la ville où se promenent les habitans, & où l'on voit autant de luxe à proportion qu'à Paris.

Voyage du Roi au Havre de Grace.

1749. Au mois de Septembre 1749 notre auguste Monarque, à l'exemple de la plûpart de ses prédécesseurs, résolut de visiter le Havre de Grace. Il partit de Versailles & arriva à Rouen. Il n'entra point dans la ville, mais passa le long du quai où il vit la Seine dans un magnifique canal beaucoup plus large qu'à Paris; & il s'arrêta quelque tems sur les bords de la riviere où il reçut le compliment du Maire, & où il vit ouvrir le pont de bateaux qui la traverse, & qu'on regarde avec raison comme une merveille. Le Roi continua sa route, & depuis Graville à une lieue du Havre trouva sur son passage les Paysans armés jusqu'à la ville. C'étoit le 19 du mois de Septembre. Le Roi s'avança jusqu'aux barrieres qui étoient fermées, & après que l'Officier de garde eût présenté sa pique, on ouvrit les barrieres, & Sa Majesté passa le pont jusqu'à la premiere porte où le Duc de Saint-Aignan, accompagné du Corps de ville & de tous ses Officiers, lui présenta à genoux dans un bassin les clefs de la ville en vermeil & en argent. Après la harangue qui lui fut faite, le Roi continua de s'avancer jufqu'à la feconde porte où l'on avoit placé fon image, & entra dans la ville, entre deux hayes de Bourgeois fous les armes, au bruit des canons & des acclamations réiterées d'une multitude infinie. Sa Majefté fut à l'hôtel de ville où Elle a logé pendant tout le tems de fon féjour. Après qu'Elle eut pris quelque repos, Elle vint à la tour, & monta fur la plate-forme pour confidérer le port, & la mer qui du côté de l'occident s'éloigne infiniment de la vûe, & difparoît fous les nuages de l'horifon. Feu d'artifice le foir fur la place d'armes vis-à-vis de l'hôtel de ville.

Le lendemain matin le Roi reçut les députés du Parlement de la province qui eurent l'honneur de le complimenter. Enfuite Sa Majefté defcendit vers l'Eglife de Notre-Dame où tout le Clergé de la ville revêtu d'ornemens, l'attendoit. Le Curé lui fit fa harangue & recommanda à fes bontés le peuple fidele qu'Elle honoroit de fa préfence. Après les cérémonies accoutumées le Roi entra dans le chœur au bruit des tambours & des inftrumens; & fous un dais qu'on avoit préparé entendit la Messe avec ce recueillement & cette piété que toute la France admire dans sa personne.

Le Roi sortit de la ville par la porte du Perré, & de dessus le rivage sous une tente magnifique vit la représentation d'un combat naval, ensuite duquel on lança à l'eau trois navires sous les yeux de Sa Majesté. L'après-dinée le Roi visita les fortifications, la citadelle, les arsenaux de terre & de mer, le port, le bassin, & de dessus le balcon des casernes de la marine vit une joûte sur les eaux. Le Roi monta dans son vaisseau le Chariot royal superbement décoré, & vit faire toutes les manœuvres de la navigation avec une promptitude & une dexterité admirables.

Après ces divertissemens le Roi dans son carosse alla sur la montagne d'Ingoville dont le front large & uni présente une terrasse naturelle d'où l'on voit la Seine entrer dans la mer; & d'où l'on a une variété d'objets agréables qui rendent cette exposition une des plus belles qu'il y ait en France. Après cette promenade dont le Roi fut satisfait, Sa Majesté rentra dans la ville. Le jour étoit éteint :

on avoit élevé des arcades de verdure jusqu'au premier étage dans toute la longueur de la grande rue, avec des guirlandes au milieu, & des pyramides aux extrémités de ces arcades. Des lumieres sans nombre rendoient visible cette décoration qui étoit terminée par une perspective d'un genre tout nouveau. On avoit placé dans le port en face de la rue un vaisseau dont on avoit garni de lanternes la mâture & les cordages. L'immensité de ce lustre qui sembloit toucher le ciel, faisoit à la vûe un effet si merveilleux, que Sa Majesté en fut surprise, & voulut bien en témoigner son contentement.

Le lendemain Dimanche après avoir entendu la Messe dans la chapelle de l'hôtel de ville, Sa Majesté partit du Havre sur les huit heures du matin, après avoir daigné témoigner d'une façon très-honorable pour le peuple de cette ville, combien Elle étoit satisfaite des marques d'amour, de respect & de joye, que ce peuple s'étoit efforcé de donner à son Prince. Et comme on avoit représenté à Sa Majesté la nécessité d'agrandir le port dont le commerce est devenu si considérable, Elle a envoyé après son retour des Commissaires sur les lieux, pour examiner les projets, & lui en faire le rapport.

1759. *Bombardement du Havre par les Anglois.*

Pendant la derniere guerre dont les évenemens sont connus de tout le monde, les ennemis de ce royaume, & en particulier de la ville du Havre, sont venus encore une fois pour la bombarder & la détruire. Ils étoient attirés principalement par l'esperance de ruiner les fameux bateaux plats dont on a tant parlé, & que l'on construisoit sur la gréve du Havre au nombre de deux ou trois cens à l'endroit où les Marchands bâtissent leurs navires. Ils avoient fait de grandes dépenses pour cela, & forgé, dit-on, de nouvelles bombes dont la portée étoit beaucoup plus grande, & l'effet plus dangereux. Le succès n'a pas tout-à-fait répondu à leur attente, & cependant ce dernier bombardement a été pour la ville du Havre, plus désastreux que le premier. Le 2 de Juillet de l'année 1759 on vit paroître cinq frégates ; mais toute la flotte composée de 28 navires différens, ne parut que le 3 sur les six heures du matin. Le soir du même jour ils jetterent cinq bombes sur le rivage pour en voir la portée. Le 4 leur attaque commença sur les trois heures du matin, & ils bombarderent sans relâche jusqu'à dix heures du soir; il y eut cependant des intervalles, où cette hostilité étoit moins fréquente. Ils recommencerent le 5 à deux heures après minuit, & continuerent jusqu'à trois heures après midi du lendemain. Leur position embrassoit toute la ville, de maniere que la droite de leur armée regardoit le côté des bateaux plats, & la gauche s'étendoit du côté du petit quartier de la ville comme au bombardement de 1694. Le 6 ils se replierent sur l'aîle gauche, pour prendre la ville en flanc & maltraiter en même-tems la citadelle. Ils envoyerent le 7 à une heure du matin, quelques bombes, qui furent les dernieres.

L'alarme étoit grande dans cette ville qui n'avoit d'abord que deux mortiers, tandis que les Anglois avoient de leur côté six galiotes qui vomissoient différentes machines de destruction & de carnage. M. le Duc d'Harcourt, que le Ministere avoit envoyé avec M. de Berville, arriva de Rouen avec de la poudre & des mortiers qu'on avoit chariés pendant la nuit. On prit courage, & l'espérance commença à renaître. Les bombes du Havre qui auparavant n'alloient qu'à mi-route, parce qu'elles n'étoient pas assez chargées, arriverent aux Anglois, & leur tuerent beaucoup de monde; on leur coula même à fond une chaloupe pleine d'hommes qui servoient les navires, ce qui les obligea de moderer leur feu qui étoit terrible, outre que leurs galiotes faisoient eau par l'ébranlement de leurs mortiers, dont la charge étoit trop forte. Ils prirent le parti de se retirer, & mirent à la voile le 7 sur les neuf heures du matin : à trois heures après-midi on regardoit leur flotte comme éloignée de quatre lieues; elle disparut peu de tems après; mais ayant rencontré, à la hauteur du Havre, cinq vaisseaux Danois qui apportoient du bois de construction pour les bateaux, ils s'en emparerent; & ce fut l'indemnité de leur expédition. Outre la prodigieuse dépense qu'ils ont faite, on a trouvé sur le rivage beaucoup de cadavres & d'ustenciles, ce qui dénote un grand dommage de leur côté.

Quand ils parurent à la rade, la confusion fut grande dans toute la ville, parce qu'on avoit répandu qu'ils ne pouvoient approcher que dans un tems de grande mer, au lieu que c'étoit le décours, & qu'ils ont operé même dans le tems que l'eau se retire. Il fallut donc déloger précipitamment pour aller sur la côte. Plusieurs transporterent leurs meubles dans le quartier de Saint François, moins exposé que celui de Notre-Dame, mais ils furent obligés de les reprendre ensuite, parce que les ennemis attaquerent aussi ce côté-là. Le plus grand nombre les fit voiturer dehors ; mais le prix des voitures étant excessif, on voyoit sur la chaussée des tas de meubles exposés à l'envie & à l'infidélité de ceux mêmes qu'on employoit pour les garder ou pour les conduire. Pour surcroît d'infortune & d'embarras, une bombe étant tombée sur une des chaînes du pont de la porte d'Ingoville, plusieurs personnes furent blessées dans la foule, & quelques-unes en sont mortes de frayeur.

Les soldats & les bourgeois étoient partagés dans les rues pour éteindre le feu des maisons où tomboit la bombe; & ils étoient armés de haches pour enfoncer celles qu'on auroit trouvé fermées. Il n'y a point eu cependant d'incendie considérable, & quoiqu'il soit tombé des bombes dans des magasins d'eau-de-vie & de bois sec, le feu n'a point pris à ces matieres. Plusieurs personnes m'ont écrit, qu'une bombe ayant percé la voûte de la grande Eglise, vis-à-vis le Sanctuaire de la Sainte Vierge, est demeurée suspendue sur une planche de sapin, sans faire son effet; mais une autre bombe a renversé une partie de la chapelle de Saint Sebastien, & une troisiéme qui est tombée devant le grand portail, a brisé toutes les vîtres des maisons, depuis ce portail jusqu'au marché de la grande rue. La fumée d'un magasin de gaudron qui fut brûlé, s'étendit à plus de deux lieues, & fit croire que le Havre étoit tout en feu; mais la plûpart de leurs bombes tomboient à faux, quoiqu'ils en ayent jetté environ neuf cens, dont quelques-unes qu'on a trouvé encore pleines d'artifices, pesoient deux cens cinquante & même cinq cens livres. Deux bateaux plats seulement ont été fracassés, mais il a péri des Officiers, des soldats, des bourgeois, & plus de cent maisons ont essuyé différens dommages, dont le total, y compris ce qu'on a perdu, ce qui a été brisé, ou volé, avec les frais du transport des meubles, a été estimé quatre cens mille livres.

Depuis quelques années on a bâti au Havre trois édifices publics d'une belle architecture. Premierement, un hôtel pour le Gouverneur, ou pour celui qui commande en son absence. Le Cardinal de Richelieu en avoit fait faire un dans la citadelle, mais il est inhabité depuis si longtems, & on l'a tellement négligé, qu'il tombe en ruine. Celui qu'on a construit, occupe la gorge du bastion de Saint-André, & il se présente du côté de la mer, de même que du côté de la rue. Il est vaste & très-apparent; le Lieutenant de Roi en a l'usage. En démolissant l'ancienne maison de ce boulevard (1752), on a trouvé dans l'épaisseur du mur de la cave douze corps humains enterrés & placés les uns sur les autres, dans la même situation, quelques-uns sans tête. On ne peut douter que ce ne soient les corps d'Officiers Anglois de distinction tués au tems du siége dans la défense des palissades, où le choc fut si violent, & où fut blessé mortellement, du côté des François, Richelieu le sage. Au reste, on n'a découvert aucune inscription.

Le second édifice est la douane, ou la romaine, que les Fermiers ont fait construire avec magnificence sur le bord du grand quai, vis-à-vis de la pointe : il s'étend aussi du côté de la rue, & a ses appartemens sur une grande cour.

Le troisiéme édifice qu'on a bâti même dans le cours de la guerre, parce qu'il étoit nécessaire, est le siége de toutes les Jurisdictions. On l'appelle le Prétoire. Il termine une place fort longue, qu'on appelle *le marché*. Ce Prétoire est grand, orné, & chargé d'une horloge sur le comble.

Enfin, la Cour a supprimé, pendant la derniere guerre, le département de la Marine au Havre. On a ôté le pavillon François qui distinguoit ce port, & qui étoit attaché au grand mât de l'Amiral dans le bassin. L'Intendant & les autres Officiers de marine se sont retirés avec des pensions, & ce port est régi par un

Commissaire. On y bâtit cependant toujous quelque vaisseau de Roi.

Personnes célebres de la ville du Havre.

Nous allons maintenant faire connoître les personnes qui ont illustré le Havre par leurs talens & leur mérite. Il ne faut pas s'attendre à voir paroître dans une ville où l'on est occupé principalement du commerce, une quantité de Littérateurs, comme dans quelques autres cantons de la Province de Normandie. C'est pour n'avoir pas fait cette attention, que Piganiol-de-la-Force a avancé qu'il n'y avoit pas de ville en France où l'on cultivât moins les lettres qu'au Havre de Grace. Ce reproche seroit sanglant, s'il pouvoit être pris dans toute l'étendue des termes. Il est vrai qu'il n'y a point de Palinod au Havre comme à Rouen, à Caen, & à Dieppe, ni aucun exercice public de littérature, puisqu'on n'y enseigne que les humanités, & que cet enseignement n'est, à proprement parler, qu'une simple école. Il est vrai que les Habitans n'ayant aucune occasion d'écrire & de disputer, se livrent à la dissipation des sociétés & aux agrémens de leur ville. Mais il ne s'enfuit pas pour cela qu'on y méprise les lettres ; on trouve dans beaucoup de maisons de très-bonnes bibliothéques, & les esprits y sont très-disposés aux belles connoissances. C'est à celle de la marine que s'attache le plus grand nombre des Citoyens, qui y réussissent fort bien ; & quelques-uns ont fait des livres de pilotage qui sont lûs partout avec utilité. Plusieurs cependant se sont appliqués à d'autres sciences, & nous allons commencer par deux personnes bien connues des Gens de Lettres, Monsieur & Mademoiselle de Scudéri.

Monsieur & Mademoiselle de Scudéri nés au Havre de Grace, étoient issus d'une famille noble du royaume de Naples, depuis très-longtems établie à Apt en Provence. Leur pere, après avoir servi sur mer & sur terre avec distinction, eut pour récompense de ses services, selon le Dictionnaire Historique (édition de Hollande), le gouvernement du Havre de Grace. Ajoutez qu'il épousa une riche Demoiselle de Normandie, dont le pere étoit Seigneur de la Terre de Brilly. Cette expression du Dictionnaire (le gouvernement du Havre) n'est point correcte,

recte, à moins qu'on ne dise qu'il n'a voulu signifier autre chose que la Lieutenance qu'avoit Scudéri dans cette place, ce qui est une espece de gouvernement en l'absence du Gouverneur. Mais il le dit trop absolument pour l'avoir entendu de cette maniere, & son erreur est celle de M. l'Abbé Dolivet. (Hist. de l'Acad. Franç.) M. Piganiol de la Force s'exprime avec plus de précision, & dit que ces deux personnes étoient nées au Havre de Grace d'un pere qui commandoit dans cette place sous l'Amiral de Villars. En effet, ceux qui liront cette histoire, verront par eux-mêmes que M. de Scudéri, quoique distingué par sa naissance & ses services, n'étoit point d'un rang à posseder en chef le gouvernement du Havre. Mais ce que dit M. Piganiol, n'est point encore tout-à-fait juste; car M. de Scudéri le fils n'est né qu'en 1601 : ce n'est donc pas d'un pere qui commandoit sous l'Amiral de Villars, puisque l'Amiral de Villars mourut dans la guerre de la France contre l'Espagne en 1595, outre que nous avons vû qu'il avoit donné, dès 1593, la Lieutenance au Marquis de

S

Villars son frere, qui eut après lui le gouvernement. Ainsi, il faut dire que M. de Scudéri n'eut la Lieutenance ou le commandement du Havre de Grace, que sous ce dernier, jusqu'à 1610; car vers ce tems l'histoire du Havre, comme on a vû, fait mention d'un Lieutenant de M. de Villars, qu'elle nomme Hugues d'Athenoux, qui avoit sans doute succedé à M. de Scudéri.

Georges de Scudéri, Gouverneur de Notre-Dame de la Garde, & l'un des quarante de l'Académie Françoise, a donné plusieurs piéces de théâtre; dont il y en a seize d'imprimées, & plusieurs autres ouvrages, tant en vers qu'en prose. Il mourut le 14 Mai 1667, âgé de soixante-six ans.

Madeleine de Scudéri naquit au Havre en 1607. Etant venue à Paris, dans sa jeunesse, elle eut entrée à l'hôtel de Rambouillet, qui étoit alors le centre du bel esprit. Elle commença par écrire des romans, genre de composition qui étoit à la mode, & elle sçut leur donner tant de sel & d'agrément, qu'elle les fit lire avec avidité, & se fit rechercher de toutes les personnes d'esprit & de mérite. Son plus intime ami fut le célébre M. Pellisson; & comme ils étoient tous deux d'une extrême laideur, on fit ces vers.

> La figure de Pellisson
> Est une figure effroyable;
> Mais quoique ce vilain garçon
> Soit plus laid qu'un singe & qu'un diable,
> Sapho lui trouve des appas;
> Mais je ne m'en étonne pas,
> Car chacun aime son semblable.

J'ai choisi dans les œuvres de cette admirable fille une petite piéce de vers qui peut servir de réponse à cette épigramme, & faire voir que Mademoiselle de Scudéri étoit plus touchée de la beauté de l'esprit, que de celle de la figure, & que sur tout cela elle donnoit la préférence à la vertu.

> La fleur que vous avez vû naître,
> Et qui va bientôt disparoître,
> C'est la beauté qu'on vante tant;
> L'une brille quelques journées,
> L'autre dure quelques années,
> Et diminuë à chaque instant.

L'esprit dure un peu davantage,
Mais à la fin il s'affoiblit,
Et s'il se forme d'âge en âge,
Il brille moins, plus il mûrit.

La vertu, seul bien véritable,
Nous suit au-delà du trépas ;
Mais ce bien solide & durable,
Hélas ! on ne le cherche pas.

Plusieurs de ses écrits parurent être des romans ; mais cependant, quand on voudra les examiner, on trouvera qu'ils sont des especes de poëmes épiques en prose, & des histoires véritables sous des noms cachés. Elle a composé grand nombre d'ouvrages, dont plusieurs ont porté le titre de M. Scudéri, quoiqu'il n'y eût aucune part. L'Académie des Ricovrati de Padoue, l'associa, après la mort de la fameuse Helene Cornaro. Elle eut aussi la gloire d'être de toutes les Académies où les personnes de son sexe peuvent être reçues. Elle avoit remporté à l'Académie Françoise le prix d'éloquence en 1671, par son discours de la gloire. Tout ce qu'il y avoit en France de grand

& de distingué, faisoit volontiers les avances pour être connu de Mademoiselle de Scudéri. Les Etrangers, que leur curiosité attiroit à Paris, ne manquoient guères de la voir. Le Prince de Paderborn, Evêque de Munster, la régala de sa médaille & de ses ouvrages. Christine, Reine de Suede, l'honora de ses caresses, de son portrait, d'un brevet de pension, souvent de ses lettres, toujours de son estime, & même de son amitié. Le Cardinal Mazarin lui avoit laissé une pension par son testament, le Chancelier Boucherat lui en établit une sur le sceau, & le Roi la gratifia d'une autre de deux mille livres, & même de sa médaille, en 1683. Plusieurs Sçavans entretenoient commerce de littérature avec Mademoiselle de Scudéri, & elle leur répondit en prose & en vers jusqu'à sa mort, arrivée à Paris le 2 de Juin 1701, dans sa quatre-vingt-quatorziéme année. Deux Eglises, sans intérêt & par pure estime, se disputerent l'honneur de lui donner la sépulture. Cette contestation fut portée devant le Cardinal de Noailles, & décidée en faveur de Saint Nicolas-des-Champs sa

Paroisse, où elle fut enterrée, le 3 de Juin au soir.

Elle porta pendant sa vie le surnom de Sapho; mais si elle égala la Sapho de la Gréce par la délicatesse de son esprit, elle la surpassa par les vertus de son cœur & par sa modestie.

On ne sera pas fâché de trouver ici une circonstance qui fait honneur à l'esprit de Mademoiselle de Scudéri, & à la protection qu'elle avoit chez les premieres personnes du royaume.... étant allée à Vincennes pour voir le grand Condé qui y étoit détenu, elle sçut qu'il étoit parti de la veille : le Jardinier lui fit voir plusieurs pots d'œillets que le Prince avoit pris plaisir à cultiver lui-même. Comme ce Jardinier lui en témoignoit son étonnement, elle lui demanda une ardoise, sur laquelle elle écrivit sur le champ ces quatre beaux vers.

En voyant ces œillets qu'un illustre Guerrier
Arrosa d'une main qui gagna des batailles,
Souviens-toi qu'Apollon bâtissoit des murailles,
Et ne t'étonne point que Mars soit Jardinier.

Marie-Madelaine Pioche de la Vergne, Comtesse de la Fayette, illustre par son esprit & ses ouvrages, étoit fille d'Aymar de la Vergne, Lieutenant au gouvernement du Havre, & non point Gouverneur, comme disent encore les Dictionnaires. Nous avons vû dans l'histoire de cette ville à l'année 1648, que Madame la Duchesse d'Aiguillon, qui régissoit, au nom de son neveu, le gouvernement du Havre, chargea d'une commission le Capitaine de la Vergne pere de Madame de la Fayette. Elle épousa en 1655, François, Comte de la Fayette, & mérita les éloges de M. Huet, de Ségrais, de Ménage, de la Fontaine, & des autres Sçavans dont elle étoit protectrice. Elle mourut en 1693. C'est elle qui a composé Zaïde, la Princesse de Cléves, & la Princesse de Montpensier, romans bien écrits, & qui sont estimés. On les a attribués à M. de Ségrais, mais il convient lui-même n'en avoir fait que fort peu de choses. On a encore de Madame de la Fayette des mémoires de la Cour de France, pour les années 1688 & 1689, qui contiennent des anecdotes curieuses; avec la vie de Madame Henriette, épouse de Monsieur, qui est très-bien écrite;

Cette Dame étoit fort estimée à la Cour; & sur la fin de sa vie, elle s'a donna avec ferveur à tous les exercice de piété.

Dom Garet, de la Congrégation de Saint Maur, fit profession en l'Abbaye de Vendôme, le 27 de Mars 1647 âgé de vingt ans. Demeurant en l'Abbaye de Saint Ouen de Rouen, il entreprit une nouvelle édition des œuvres de Cassiodore. Après s'être employé avec beaucoup d'exactitude à les corriger, & à les revoir sur plusieurs manuscrits, il les accompagna de notes sçavantes & judicieuses. Il dédia cette nouvelle édition à M. le Tellier, Chancelier de France, & elle fut imprimée à Rouen en 1679, en un gros volume *in-folio*, divisé en deux tomes. Les ouvrages de Cassiodore sont précédés d'une dissertation sur sa profession monastique, où l'on fait voir contre le sentiment de Baronius, qu'il a été Religieux de l'Ordre de Saint Benoît. Le Père Garet mourut en l'Abbaye de Jumiéges en 1694, âgé de soixante-sept ans.

J'avertis d'abord que ce que je vais dire dans l'article suivant, est tiré, pour
les

les faits, d'une lettre de Rouen, qui m'a été communiquée; que je ne suis garant de rien, & que je ne prends aucun parti dans une dispute où sont mêlées des personnes respectables, & dont l'objet ne m'est pas assez connu.

M. Hantier, Prêtre, natif du Havre, montra dès sa jeunesse de grandes dispositions pour la peinture & le dessein. Après des essais de peu d'importance, il s'enhardit, & s'avança jusqu'à faire divers petits ouvrages que l'on vit avec satisfaction, & qui se conservent encore dans le pays. Comme il sentoit lui-même le grand fond de génie qu'il avoit pour les sciences qui dépendent du dessein, il ne voulut pas le négliger, & fit tout d'un coup son capital de l'étude de la perspective. Il passa trente-cinq ans à faire des recherches, & après ce tems il vint à Paris, pour y conférer avec les Maîtres de cet art. M. Hantier étoit naturellement un peu rustique, & ne connoissoit point les ménagemens qui sont nécessaires dans la société, surtout avec les Savans qui ne sont pas toujours humanisés par les belles Lettres, & qui sont pour l'ordinaire idolâtres de leurs opinions. Il commença par visiter les édifices publics, il s'insinua même dans les plus riches cabinets, pour en examiner les piéces de dessein, & les ouvrages de peinture les plus prisés & les plus rares. Il trouva, ou s'imagina trouver des défauts dans quelques-uns des plus célébres, & en fit convenir quelquefois des témoins judicieux. Cette hardiesse le fit craindre des Artistes les plus distingués, qui ne voyoient rien d'égal à la délicatesse de son goût, & ils eurent même besoin de le prier de ne point répandre ses remarques dans le Public.

La perspective a des regles, mais tous ne les connoissent pas, ou ne s'en servent pas avec la même adresse. On cherchoit depuis long-tems, dans les pays étrangers, le point radical de la preuve de ces regles, & il ne s'étoit point encore trouvé de Savant qui eût entrepris de la démontrer mécaniquement. M. Hantier avança dans Paris, qu'il avoit trouvé en 1690 la preuve de la perspective, & qu'il offroit de la démontrer mécaniquement devant les Puissances, ou dans une Académie. Pour donner un avant-goût de cette preuve, il peignit des sujets de perspective, qui parvinrent jusqu'au Roi, & particuliérement la place de Louis le Grand, dont l'effet parut à l'œil une chose admirable. Messieurs de l'Académie Royale des Sciences qui considérerent cet ouvrage avec attention, le trouverent digne d'être présenté à Sa Majesté; & délivrerent à l'Auteur un certificat le 26 de Juin 1704, où ils attestoient autentiquement que ce travail étoit d'une nouvelle invention, & exécuté avec beaucoup de génie.

M. Hantier fut bientôt connu de tout le monde, & les personnes de qualité lei demanderent avec empressement, pour 'il donnât à leurs enfans des leçons e perspective. Mais dès que sa réputation fut faite & soutenue par le suffrage u Public, les ignorans ou les demi-vans qui attendent à ce point les personnes de mérite, jaloux de sa gloire, abalerent contre lui, & l'attaquerent ar les ressources ordinaires de l'envie, e mensonge & les injures. Mais M. Hantier qui méprisa ceux-ci, eut à se défendre contre des personnes de poids par eur science & par leur probité. On avoit promis dans différens pays différentes sommes pour exciter les Savans à rechercher la preuve des regles de la perspective, non-seulement pour la beauté des tableaux, mais encore pour la justesse des cartes marines. Le Monarque François qui favorisoit & fixoit toutes les sciences dans son royaume, avoit aussi promis de grandes récompenses, pour faire naître dans ses Etats cette importante découverte ; M. Hantier avoit déja ressenti ses faveurs, & le Roi, pour l'encourager, lui avoit même assigné un emploi. Pour mériter ces prix d'honneur, les Savans étoient depuis longtems entrés dans la carriere, & l'on comptoit parmi les prétendans, Vander-Meer, Mirolois, le Pere Niceron, le Pere Millet de Chales, Ozanam, le Pere Lamy, & Louis Bretès.

M. Hantier regarda comme suranné le systême de ces grands hommes, & prétendit montrer dans ses livres aux trois derniers Auteurs encore vivans, qu'ils n'avoient rien inventé, & que n'étant à la lettre que les copistes des premiers, ils étoient tombés avec eux dans la même erreur (*a*). Il étoit dur pour ces Savans de voir abolir une réputation qui étoit grande à la cour & à la ville. On s'aigrit contre lui, & sans entamer son système dont on n'avoit pas suffisamment la connoissance, on s'abandonna à de vagues déclamations, publiant partout qu'il en imposoit par ses prétendues découvertes, & on attaqua les mots arbitraires qu'il établissoit pour se faire entendre. Il avoit d'abord supprimé, selon l'usage de quelques Savans, une lettre de son nom, dont l'aspiration étoit rude, & il marquoit de ce nom la plûpart de ses idées, pour les faire connoître. Ces chicanes frivoles étoient toute la base de la dispute qu'on avoit avec lui. On lui refusoit aussi le titre de Perspecteur, qu'il donnoit à celui qui avoit découvert la preuve de la perspective. Mais il est permis à l'Auteur d'une

(*a*) M. Jeaurat dans son livre de perspective, imprimé en 1750, fait à peu près les mêmes plaintes. Il dit que ces Auteurs n'en ont pas dévelopé tous les principes, & qu'aucun des traités qu'il a vûs, n'a porté ces principes qui ont leur source dans la géométrie, au point d'évidence, dont ils sont susceptibles.

découverte, de se donner un nouveau nom ; & si le Pere Niceron a donné le titre de perspectif à celui qui traite de la perspective, M. Hantier prétendoit qu'on pouvoit bien appeller Perspecteur, celui qui en avoit trouvé la preuve. Restoit à sçavoir si cette preuve étoit trouvée. D'ailleurs, ce mot qui ne répugne point à la Langue Françoise, (M. Jeaurat l'employe aussi) désigne très-bien le genre de connoissance auquel on s'applique.

Cependant M. Hantier, terrassé par ses ennemis, ne trouva plus d'accès auprès du Roi ; on employa différens manéges, & les demi-Savans qu'il avoit méprisés d'abord ; par une pratique assez commune à l'envie & à l'ignorance, firent courir sous son nom des absurdités qu'il désavouoit. Ce n'étoit pas sans sujet que ces gens se déchaînoient ainsi contre lui. En effet, ses amis prétendent que s'il lui eût été permis de démontrer sa preuve devant le Roi ou dans l'Académie ; dès ce moment les conjectures des autres se seroient évanouies, & il ne seroit demeuré dans leurs écrits, qu'une apparence de doctrine.

Notre Perspecteur se retira à Rouen auprès de M. de Luxembourg qui le chargea de donner à son fils le Duc de Montmorency les élémens de sa doctrine. Ce jeune Seigneur qui n'avoit pas encore atteint se huitiéme année, comprit bientôt les principes de son maître avec tant de facilité, qu'au bout de deux mois il étoit déja en état de soutenir le nouveau systême, & de critiquer toutes sortes d'ouvrages du ressort de la perspective, d'une maniere si vive & si nette, que personne ne pouvoit tenir contre lui sur les plus grandes difficultés. Il entreprit même de faire la critique des Auteurs que j'ai cités, & M. Hantier eut la gloire qu'un enfant, par une pénétration merveilleuse, fît la loi au Pere Lamy & à Louis Bretès.

Alors M. Hantier publia un Livre ainsi intitulé : (La découverte de la preuve de la perspective, fondée sur des points donnés & déterminés par la nature ; où tous les Savans ont varié jusqu'à présent, par demandes & réponses, à l'usage de Mgr. le Duc de Montmorency.) Il continuoit ainsi de confondre ses adversaires ; & il fit sans doute alors le sacrifice

de ſes eſperances à l'égard de la démonſ-
tration du point radical de cette preuve.
Mais ce qui rendit ſon triomphe complet,
fut la perfection d'une machine qu'il employoit à ſes découvertes, & dont le
ſuccès qui tenoit du prodige, déconcerta
ſes envieux. Depuis ce moment, les perſonnes de mérite & de qualité prirent
également de ſes leçons, & le jeune Seigneur apprit en deux jours ce que M.
Hantier appelloit des routes ; en quoi
il rectifioit un peu le certificat que les
plus Experts Mécaniciens de l'Académie
des Sciences avoient donné à ſon maître
pour la découverte de ces routes ; car ils
les reconnoiſſoient de nouvelle invention,
mais trop difficiles & de trop longue
exécution, pour être miſes en uſage. M.
Hantier eſt mort à Rouen.

Cet excellent Mathématicien étoit en
même-tems habile Peintre & habile Gra-
veur. Il a peint dans la coupole du dôme
de la Communauté, un Crucifix qu'on
voit de face de la même maniere que
celui des grandes Carmelites de Paris
(par Champagne ;) mais celui du Havre
a plus de courbure encore dans les genoux que celui des Carmelites, qui eſt

néanmoins d'une grande beauté. Il a dessiné aussi & gravé en élévation un plan de la ville du Havre, où les points de perspective sont représentés avec une précision & un goût admirables.

Le Pere François Lambert Capucin, a composé un excellent Livre de méditations, que tous les convens de la province ont adopté.

François Cassé, Docteur de Sorbonne, & Principal du College de Lisieux à Paris, devint Controversiste du Roi pour l'instruction des Religionnaires. Après avoir passé quelques années dans cet emploi difficile qu'il exerçoit dans l'Eglise de Saint Sulpice avec beaucoup d'édification, il accepta un bénéfice à charge d'ames. On ne consentit point à sa retraite : des Docteurs de Sorbonne furent trouver le Roi Louis XIV. à Versailles, pour lui représenter que M. Cassé pouvoit seul avec autant de succès faire les conférences. Sa Majesté le redemanda ; il obéit, & ayant résigné sa Cure à son neveu, il fut gratifié de la part du Roi d'une pension équivalente. Il reprit donc à Paris ses laborieux exercices, & son zèle ardent le faisoit voyager pendant les vacances dans les grandes villes du royaume où il faisoit des Missions. J'ai vû avec satisfaction dans une ville célébre de la province, les Habitans se ressouvenir de lui, & faire de ses talens un grand éloge. Il est mort à Paris au mois de Septembre 1726, & a été enterré devant la chapelle de la Sainte Vierge à Saint Sulpice, afin, dit-il dans son testament, que son corps repose où son cœur a toujours été. Il a fondé deux bourses au Collége de Lisieux pour les enfans de la ville du Havre.

Dom Tournois Religieux de la Congrégation de S. Maur, entreprit un Dictionnaire de sept langues; Hébraïque, Chaldaïque, Syriaque, Arabique, Grecque, Latine, & Françoise. On ne peut guéres concevoir un dessein plus vaste & d'une plus grande érudition. Pour donner à ses compatriotes un avant-goût de ses découvertes sur la langue sainte, il leur envoya, il y a plusieurs années par le moyen de son frere, une explication nouvelle des deux endroits du Pseaume 67, (*Exurgat Deus*) qui ont donné à l'esprit des Savans tant de tortures. Par la comparaison de divers passages du texte sacré, il fait voir, selon ses principes, naturellement & sans effort, quel est le vrai sens de ces deux endroits de l'Ecriture. Dom Tournois est mort sans finir cet ouvrage qui n'est point imprimé.

COMMERCE MARITIME
du Havre de Grace.

Avantages de ce Port.

LE Havre de Grace situé précisément à l'embouchure de la Seine, est comme la porte de toute la France. Les marchandises du nouveau monde, celles du Levant, de l'Italie, de la Provence, de l'Espagne & du Portugal, jointes à la meilleure partie de celles du Nord, d'Angleterre, de Hollande, du Danemarck & de la Suede, ne viennent à Paris que par cette voye. On peut dire avec vérité qu'il mérite ce fameux concours. Dans un égal éloignement, à peu près, de la Bretagne & de la Flandre, il est comme le front de cette partie du royaume, & jette ses regards sur tous les peuples du nord. Dans un climat sain & fertile, à l'entrée de la mer, à la bouche d'une riviere qui arrose la capitale; il unit ensemble leurs avantages respectifs. Dans un pays abondant en toute sorte de vivres, il peut encore recevoir les denrées des plus florissantes provinces par des voyes courtes & faciles, outre que défendu par ses tours, ses bastions & sa citadelle, il ne redoute aucuns dangers & tient en sûreté des biens immenses. La rade est bonne pour la tenue, les vents qui feroient souffrir, poussent au port, dont on ne manque presque jamais l'entrée. Au reste le port de Honfleur sert de refuge, & la crique du Hoc avec un peu de travail pourroit devenir à l'égard des vaisseaux de moyenne grandeur, une bonne retraite qui disputeroit à la rade l'avantage de recevoir tous ceux qui auroient manqué le port. Son bassin toujours plein d'eau qu'on rafraîchit & qu'on renouvelle, & les vases qui bordent le canal dans les deux lignes, le mettent en état d'être fréquenté par toute espece de vaisseaux, même par ceux de la méditerrannée peu propres à prendre terre. Avec tant d'avantages il est à portée plus qu'aucun autre du royaume, de faire passer presque sans risque & à peu de frais, soit par mer, soit par riviere, dans les provinces de Bretagne, Normandie, Picardie, à Rouen, Caën, Paris enfin, & au-delà, toutes les marchandises qui y descendent des royaumes étrangers, de l'Amérique, & des Colonies Françoises.

Un port de cette nature, l'entrepôt & le terme de toutes les navigations, flux & reflux de toutes les commodités de la vie, qu'il donne ou qu'il reçoit, paroîtroit mériter les attentions du Ministere pour être érigé en port franc, si l'on vouloit multiplier ce privilege. Loin qu'il en résultât quelque dommage pour les finances, on se flatte que la gloire & les richesses de l'Etat en seroient de beaucoup augmentées, puisque cette franchise dans un port comblé de tant d'avantages, y feroit couler infailliblement le commerce de tous les pays du monde. Cependant la ville du Havre doit cette reconnoissance au Ministere, de ce qu'il a refusé jusqu'ici les offres de Saint-Malo, & a par-là conservé son commerce. On connoît assez l'émulation de ces deux villes; Saint-Malo célebre par ses richesses, l'expérience & la bravoure de ses Mariniers, & le Havre célebre également par la science de la marine, mais qui n'oppose aux richesses de Saint-Malo, que sa fidélité, son zéle, & les avantages reconnus de sa situation.

Dans les deux premiers siécles de la fondation du Havre, ce port étoit l'arcenal des navires du Roi. Cependant les étrangers y firent toujours des voyages; & sa destinée pour le commerce, se déclara dès les premiers tems. En effet, un port situé comme celui-là, ne pouvoit manquer d'être un port de commerce. Aussi cet abord de vaisseaux qui date des premieres années de sa fondation, alla toujours en augmentant.

Ancien commerce.

La pêche de la baleine, celle de la morue, & la traite du Canada, furent le premier commerce. La pêche de la baleine est totalement abandonnée depuis longtems ; mais les Négocians de ce port sembloient s'être appropriés celle de la morue sur le banc de Terre-neuve, qu'ils ont faite plus que tous les autres, puisqu'ils y envoyoient jusqu'à 120 vaisseaux de la seule ville du Havre. Sans parler des autres branches moins importantes de son commerce, elle cultivoit encore la traite du Canada, qu'elle étendit considérablement, & dont elle a été seule en possession pendant plus d'un siécle. De ces différens commerces il ne reste plus que quelques voyages faits encore au banc de Terreneuve, mais il aborde au Havre tous les ans 25 à 30 navires de Granville, de Saint-Malo, des Sables d'Olonne, de la Rochelle, de Fécamp, & d'autres lieux qui ont leurs retours en ce port, pour y décharger les morues vertes & sèches qui s'enlèvent pour Rouen & pour Paris, la Champagne & la Picardie, le reste demeurant à la ville pour son usage.

On dit que ceux du Havre ont armé les premiers de toute la France pour la mer du sud ; au moins est-il certain qu'ils ont cultivé ce commerce avec chaleur, tant qu'il a été permis aux particuliers, de même que celui des grandes Indes, dont la Compagnie royale, après avoir eu long-tems son siége au Havre, s'en est enfin retirée ; mais elle recueille encore par les navires de ce port, qu'elle frète, une partie des richesses qu'elle a aux Isles de l'Amérique. Il se fait actuellement du Havre aussi peu de voyages pour la traite des Noirs à la côte d'Afrique, que pour la pêche des morues vertes : la traite se fait en poudre d'or, en morfil, & en cire ; mais la plus considérable

rable est celle des Noirs qu'on achete & qu'on transporte aux Isles de Saint-Domingue & de la Martinique. Les marchandises qu'on en rapporte, munies d'un certificat, ont l'exemption de la moitié des droits locaux, & de ceux d'entrée dans le royaume, aussi-bien que celles de la Compagnie des Indes.

Deux Compagnies ont voulu, il y a plusieurs années, s'établir au Havre pour la pêche des morues : l'une, sous le nom de Niganiche, quartier de l'Isle royale, & l'autre, sous le nom de S. Jean, Isle située à 40 ou 50 lieues de l'embouchure du fleuve Saint-Laurent, dans la baye de Canada. Le projet de cette derniere étoit extrêmement étendu, tant par rapport à la pêche des morues sédentaires, qu'à la traite dans le Canada & les Isles méridionales de l'Amérique : mais les succès n'ont pas répondu aux grandes dépenses qu'on avoit faites pour ces deux entreprises, & il n'en reste que des vestiges peu mémorables.

Nouveau Commerce.

Le commerce des Isles de l'Amérique offroit dans ces derniers tems un objet plus vaste & plus lucratif ; on l'a cultivé avec ardeur & avec succès. On peut rapporter à la paix de 1713 l'époque de son établissement. Dans les années 1718 & 1720 on ne comptoit encore que 7 à 8 petits navires employés à cette navigation. Leur nombre s'est tellement accru, que l'on compte aujourd'hui 50 à 60 vaisseaux depuis 150 jusqu'à 500 tonneaux, & plus, continuellement occupés à la traite des Isles de l'Amérique. Ils partent en toutes saisons, mais plus ordinairement depuis Octobre jusqu'au mois de Mars, tant afin de porter les bœufs nouveaux à la Martinique, que pour en rapporter les fruits de la recolte, & n'y pas passer la saison des ouragans qui regnent dans ces mers depuis le 15 de Juillet jusqu'au 15 d'Octobre. En allant à la Martinique ils sont chargés de toutes sortes de provisions & de marchandises. L'on prend dans le sein même de la ville grand nombre de denrées. Les dentelles de fil blanc que les femmes y fabriquent, & dont on fait des envois considérables aux grandes Indes, aux Indes Espagnoles, à nos Colonies, à Paris, à Lyon, aux Foires de Caën & de Guibray, font partie de ces marchandises : leur prix va jusqu'à 25 livres l'aune, & même 50 & 60, lorsqu'on les fait faire exprès.

La charge pour Saint-Domingue est à peu près la même, si ce n'est qu'on y porte plus rarement des chairs salées. Les échanges sont de l'indigo, du coton, des sucres blancs & communs, des bariques de sucre brut, du caffé, des cuirs, du caret, des liqueurs, des confitures, du gingembre, du cacao, & plusieurs autres choses. Celles de ces marchandises qu'on destine pour l'étranger, ne payent aucuns droits, & selon la teneur des Lettres patentes de 1717 on les peut garder un an entier avec ce privilege. Mais elles y deviennent sujettes, lorsqu'on les enleve pour quelque ville du royaume. On les appelle dans le premier cas marchandises en entrepôt. Ces diverses denrées s'envoyent dans les provinces, la Picardie, la Champagne, l'Isle de France, à Marseille, à Amsterdam & Rotterdam, à Hambourg, au Levant, dans l'Angleterre, & s'étendent même jusqu'à la mer Baltique. Quelques sucres blancs & quelques caffés passent dans l'intérieur du royaume, mais en petite quantité; il s'en répand une partie dans l'Espagne & le Portugal. Certaines marchandises ne courent que le royaume, & se débitent sur-tout à Rouen, Caën, Caudebec, au Pont-Audemer, à Harfleur, à Montivilliers & autres endroits de la province.

Il y a au Havre pour l'Amérique une espece de commerce qui consiste en pacotilles. (Expression consacrée à cela dans le pays.) Il n'est guéres de familles, de professions, de particuliers qui ne s'y livrent. On en charge les Officiers ou les gens de l'équipage. On vend ces pacotilles à deux conditions, ou en prenant 5 pour 100 sur la vente, & 5 pour 100 sur ce qu'on échange ou qu'on achete; ou bien en faisant bon de la moitié du profit net, les rapports étant liquidés. Les pacotilles ne payent aucun fret, on n'en exige que sur les marchandises du retour.

Avant les dernieres guerres il s'étoit formé deux sociétés pour le Canada, qui sembloient vouloir ramener au Havre ce commerce interrompu depuis si long-tems: leurs premiers succès faisoient tout esperer pour des accroissemens considérables. Les vaisseaux étoient chargés de toutes sortes de marchandises pour Québec en droiture, & les échanges se faisoient en pelleteries, en morues séches, en huiles de poisson, en planches, &c. pour le Havre, Rouen & Paris. La guerre de 1744 a interrompu ce négoce.

Quand il est permis d'enlever des bleds, il s'en fait au Havre des embarquemens considérables. On les tire du pays de Caux, de toute la Normandie, de la Brie, de la Champagne, du Soissonnois, & de toutes les provinces qui communiquent à la Seine; & on les répand à Bordeaux, à Bayonne, à Lisbonne, à Cadix, à Carthagene, à Alicante, à Marseille. Dans un autre cas, c'est au Havre de Grace qu'abordent les bleds étrangers qui se répandent par la riviere jusqu'au sein de la capitale & au cœur du royaume, dans le tems de la disette des grains.

Environ 50 alléges ou vaisseaux de transport sont occupés à porter à Rouen cinq à six fois chacun par an la plûpart des marchandises qui arrivent au Havre, & à en rapporter celles dont on doit de nouveau charger les vaisseaux; mais ils sont moins garnis quand ils descendent que quand ils montent. Ce sont des bâtimens plats qui tirent peu d'eau, & qui sont propres à l'échouage. Ils sont très-forts de bois, bien équipés, du port de 80 jusqu'à 130 tonneaux, & reviennent quelquefois jusqu'à 25 mille livres. Les Havrois les appellent des Heux. Ils font encore les voyages de la Rochelle, de Bordeaux, de Hambourg & de la Hollande. A ces Heux se joignent les alléges de Rouen, de Harfleur, & d'autres ports qui viennent souvent se remplir au Havre pour faire les mêmes courses. De plus, 30 bateaux de ce port contenant 40 jusqu'à 80 tonneaux de charge, font & refont continuellement les petits voyages de Saint-Valeri, de Dieppe, de Fécamp, d'Isigny, de Honfleur, de la Touque & de la Dive, de Caën, & de tous les petits ports de la basse Normandie, & de la riviere; ils y portent une partie des denrées du cru des Isles de l'Amérique françoise, sur-tout pour les Foires de Guibray & de Caën; mais ils reviennent sans charge, ou bien ils rapportent quelques cordages de Saint-Valeri, quelques poissons salés de Dieppe, de Caën, de la pierre & du carreau; mais ceux qui reviennent de Honfleur, ont ordinairement plus de charge, & fournissent de la basse Normandie les cidres, les chanvres, des bœufs, des fruits, des toiles à voiles de navires, du bois & du beurre.

Abord de navires de toutes les mers dans le Port du Havre.

La ville de Saint-Malo a peu de commerce direct avec le Havre, quoiqu'il y vienne tous les ans 25 à 30 gros vaisseaux de ce port, qui au retour de la Terre-neuve entrent dans la méditerrannée & se chargent par fret, à Cadix, Carthagene, Alicante, & Marseille, pour le Havre, d'où ils retournent chez eux vuides en partie, & en partie rechargés pour d'autres endroits, & même pour l'Amérique.

Vingt petits navires tous les ans apportent de Bordeaux des vins, des eaux-de-vie, du vinaigre, du liége, de la farine, &c. tandis qu'il vient de la Rochelle, de l'Isle de Ré, de Rochefort, de Nantes & de Brest, environ 35 navires chargés de vin, d'eau-de-vie, de cire, de pains de sucre, de sel pour la franchise.

25 à 30 navires de Bayonne viennent aborder tous les ans au port du Havre, chargés de laines fines, entre plusieurs autres marchandises. Leur retour ne se fait ordinairement qu'avec une demie charge.

Presque toutes les marchandises fines que le Portugal tire de la France, lui viennent par le canal du Havre de Grace : 5 ou 6 petits navires de 100 à 120 tonneaux, font tous les ans pour cela chacun deux ou trois voyages à Lisbonne. Ils sont toujours chargés de richesses immenses, puisque ce sont les marchandises les plus rares & les plus précieuses de nos manufactures qu'ils transportent en ce pays. Celles qu'ils en rapportent ne sont pas si considérables.

On arme encore tous les ans 10 à 12 gros navires pour l'Espagne, dont les marchandises sont d'une égale richesse, que celles qui passent en Portugal. L'Espagne renvoye à la ville du Havre, tant d'Alicante, de Carthagene, de Cadix, que de Bilbao, 30 ou 40 navires chargés d'huile, de savon, de citrons & d'oranges, de raisins secs, de matieres d'or & d'argent en grande quantité...... Cette fournit

fournit de vins & de liqueurs environ 20 navires pour le Havre, & il reçoit de Marseille, tous les ans, quarante gros vaisseaux, tant de Bretagne que de Normandie, & quelquefois de Provence. Leur charge comprend entr'autres choses, du savon, de l'huile, du coton en laine, des piéces de marbre, du vin fin & des liqueurs, des figues, des citrons, des oranges, des anchoies, & diverses épices. Mais ce qu'ils reprennent pour Marseille est moins important. Enfin 7 ou 8 navires viennent en droiture tous les ans du port Maurice avec des huiles, des fruits, & quelques drogues. De toutes ces marchandises une partie passe à Rouen, Paris & Orléans ; l'autre est destinée pour la Champagne, la Picardie, & la province.

L'Angleterre trafique au Havre & lui envoye 45 à 50 gros vaisseaux tous les ans, qui apportent le charbon de terre, & quelques autres fortes denrées des ports d'Ecosse, & de Londres même. Ils y apportent aussi des ports de la Manche, pour peu que les grains soient chers, du bled, du seigle, de l'orge, & des farines. Il en descend d'Irlande jusqu'au nombre

X

de 60 ; mais petits, dont les charges consistent en barils de bœuf & de beurre, en fromages, en chandelles & en plusieurs autres choses. Ces quatre especes de denrées se chargent avec exemption de tous droits pour les Colonies françoises ; le reste demeure dans la province. De Londres même il arrive au Havre 30 à 35 navires chargés de tabac de Virginie pour la Manufacture royale de tabac établie en cette ville ; mais l'Angleterre ne tire de la France par la voye du Havre, que de l'indigo, des eaux-de-vie, des dentelles & quelques étoffes.

De Hollande directement en ce port, il aborde chaque année environ 15 ou 16 navires chargés de mâts & de bois pour la construction, de pipes & d'épiceries ; mais il en descend de Rouen au moins 25 à 30 qui après s'être déchargés en cette ville viennent prendre au Havre une nouvelle charge des denrées du nouveau monde pour la Hollande & la mer Baltique.

Les vaisseaux qui descendent de Dantzick, Hambourg, Dannemarck, Suéde, Norvege & Russie, peuvent aller à 60 ou 70 toutes les années. Leurs marchandises sont principalement des mâts, & d'autres bois pour la construction & la menuiserie, des planches de Prusse, des planches de sapin, de la graine de lin pour le pays de Caux, du chanvre, du fer, de l'acier, &c. de tout cela on fait divers envois dans la province & autre part. Quelques-uns s'en retournent vuides, d'autres se remplissent de vieux sel; mais il leur est plus ordinaire de se fréter pour la Hollande, Hambourg & la mer Baltique, qu'ils vont enrichir des marchandises provenant des Colonies françoises.

Par Arrêt du Conseil toutes les liqueurs embarquées pour la provision des navires, sont exemptes des droits locaux ou d'octroi. Celles qui viennent de dehors, étant déclarées pour Rouen ou Paris, ont la même exemption pendant le cours de trois semaines.

Il n'y a dans ce port ni Consuls, ni Chambre de Commerce, quoiqu'on ne puisse douter de la grandeur & de l'importance de son négoce. Les affaires consulaires sont portées à Rouen; mais il y a deux Chambres ou Sociétés d'assurances pour toute sorte de navigation & de commerce licite.

On use au Havre de deux sortes de poids; L'un qu'on appelle *de Vicomté*, le même qu'à Rouen, est de 4 pour 100 plus fort que le marc; on l'employe au détail seulement. L'autre qu'on appelle *Poids-le-Roi*, est proprement la mesure de la ville; on est obligé de l'employer quand les masses excédent 25 livres. Il est de 8 par 100 plus fort que le poids de marc. On a jugé, dit-on, cette différence nécessaire, pour mettre quelqu'égalité entre les ventes de ces deux villes.

Les droits qu'on paye au Roi pour séjourner dans le bassin, sont de 4 sols le tonneau par mois. On y entretient aux dépens de Sa Majesté des pontons & des radeaux sur lesquels on abat les vaisseaux qu'on radoube, & qu'on carene avec une grande commodité, sans qu'il y ait aucun dommage à craindre pour le corps des navires. D'autres sont radoubés sur les vases du grand quai avec une égale sûreté.

Tous les commerces que nous venons d'expliquer, florissoient de cette façon avant les dernieres guerres. Mais nous ne pouvons dire si la ville du Havre a pû

DU HAVRE DE GRACE. 245

encore, depuis la paix, se relever de ses infortunes & réparer ses pertes. Au reste comme l'activité de son commerce dépend principalement de quantité de riches Négocians des grandes villes du royaume qui ont en ce port leurs Correspondans & leurs Commissionnaires, nous ne pouvons dissimuler qu'attendu la prodigieuse multitude des habitans de cette ville, il y a toujours une infinité de pauvres qui ont besoin des douceurs de la paix & des bontés de leur Prince.

DESCRIPTION
DE LA VILLE DU HAVRE,
De son port, de ses fortifications, & de sa citadelle.

LE Havre de Grace qui doit sa naissance à François I, est situé près du chef de Caux dans le diocèse de Rouen, à 49 dégrés 29 minutes de latitude. Nous ne fixons point ici le rang qu'il occupe dans la province. Le Lecteur judicieux qui aura lû cette histoire, le lui assignera selon sa volonté. Quelques personnes ont vû avec une sorte de surprise, que dans certains ouvrages on avançoit que la ville de Dieppe est la capitale du pays de Caux. Elles croyoient que la ville du Havre, comme gouvernement militaire général, département de la marine avec intendance, port de grand commerce, & la principale clef du roïaume par sa situation à l'embouchure de la Seine, pouvoit justement aspirer à ce titre. Pour moi qui ne veux blesser personne, & qui sçais que la ville de Dieppe a ses titres d'honneur, comme le Havre peut les avoir, j'estime qu'il faut appeller capitale du pays de Caux la ville de Caudebec, qui est en possession de ce rang depuis plusieurs siécles (*a*). On peut considérer le Havre comme ville, comme port de mer, comme place de guerre. Nous allons commencer par la description de la ville.

La Ville.

On l'appelle quelquefois la ville de Grace, quand on fait abstraction du port. Elle est composée de deux quartiers, le grand ou celui de Notre-Dame, le petit ou celui de S. François, & il en résulte

---

(*a*) La capitale des Caletes dont le premier nom est inconnu, fut détruite par Jules César, en punition de sa trop grande résistance. La tradition de Lillebonne est que ce Conquérant, ayant considéré combien cette situation étoit importante, y bâtit la forteresse que l'on remarque encore au même endroit, & que cette place en prit le nom de *Juliobona*. Mais cette tradition n'est point certaine, & est contredite par quelques Savans qui ne croyent pas que Lillebonne soit l'ancienne *Juliobona*.

y compris le bras de mer qui les divise, un quarré long d'assez grande étendue. On y peut remarquer l'arrangement & le nombre des rues, les places, les fontaines, les édifices publics, les Eglises, les portes, &c.

Les rues.

On en compte communément quarante, mais on ne considere ainsi que les longueurs sans prendre garde aux différens noms que la même rue peut recevoir. La distribution de celles du grand quartier, n'est pas des plus regulieres, quoiqu'en général elles soient droites & assez bien ouvertes. Les plus belles s'étendent du nord au midi, & comme elles ne sont pas interrompues, leur longueur paroît être considérable. Elles sont pavées de grès & proportionnées dans leur largeur. Celle qu'on appelle *la grande rue* dans le quartier de Notre-Dame, est des plus belles qu'on puisse voir. Comme elle s'étend de la porte d'Ingoville à la place du grand quai, sa situation est avantageuse. En effet, dès qu'on est dans cette rue en quittant la porte, on diroit qu'elle va toucher les côtés qui sont au-delà de la Seine; ce qui forme un doute agréable dans l'esprit du Spectateur qui ne réfléchit pas au canal de la riviere. On trouve à gauche vers le milieu la place du marché terminée par le prétoire, édifice nouveau d'un très-bel aspect, & & sur la droite une grande rue. Au-delà du marché dans la même rue l'on apperçoit l'Eglise de Notre-Dame, dont le grand portail à la moderne ne peut manquer de fixer les regards. Enfin l'on parvient au quai où aboutit cette rue; mais comme le côté droit n'est pas prolongé si loin que le gauche, cela fait un assez grand vuide où se tient la bourse; de sorte que depuis l'entrée de la ville jusqu'au port, tout ce qu'on voit en avançant, réjouit la vûe. Cette longueur est de 230 toises. Les rues du petit quartier ne sont ni si longues, ni si larges, mais elles sont distribuées avec plus d'ordre. La principale qui est une des plus belles de la ville, conduit du pont de communication à la premiere porte de la citadelle. Son point de vûe est agréable.

Places publiques.

Il y a deux places dans la ville, la place du marché près de la grande Eglise, & la place d'armes à l'entrée du port. La place du marché qui forme un quarré long de 50 toises, est terminée à l'orient par l'édifice du prétoire ou du barreau. On voit une fontaine au milieu avec un grand réceptacle. La place d'armes forme un quarré presqu'égal environ de 40 toises. Quatre rues y aboutissent, & l'on y découvre tout le grand quai avec une partie de la citadelle. Sur un des côtés on voit trois allées d'arbres où l'on tient la bourse en été auprès du mur de la porte qui conduit à la mer, & au milieu de la place on trouve une fontaine qui jette l'eau par quatre bouches. Sur cette fontaine on voyoit autrefois une figure de Louis XIV. en pied, vêtu à la Romaine. Maintenant différentes armoiries ornent les quatre faces.

Les Fontaines.

On en a beaucoup multiplié le nombre depuis 30 années par de nouvelles eaux que la ville a achetées. Il y en a dans les deux quartiers, dans la citadelle, dans l'arſenal, la grande corderie, la groſſe tour, &c. elles n'ont rien de remarquable. On y fait venir l'eau très-claire & très-ſaine par des canaux ſouterrains dont l'entretien eſt conſidérable, & qui ſe dérangent ſouvent, ce qui cauſe à la ville une grande incommodité. On y ſupplée par des citernes. Mais dans ces cas la proviſion eſt chere & déterminée.

Les Egliſes.

Notre-Dame. C'eſt un édifice moderne, conçu & exécuté ſelon les regles de la bonne architecture. Sa longueur peut aller juſqu'à 235 ou 240 pieds, & l'ordonnance en eſt dorique. Les arcades ſont en plein ceintre & ſuffiſamment élevées. La voûte des collatéraux, & celle des chapelles, ſont à la même hauteur; ce qui forme une unité très-gracieuſe, qui découvre tout le bâtiment, & communique la lumiere des grandes vitres de chaque chapelle, ſans qu'il s'en perde aucune partie. La voûte eſt ſoutenue par des colonnes fort délicates, ſur leſquelles du côté des collatéraux ſont adoſſés des pilaſtres avec une impoſte. Les trois parties de l'entablement font une faillie fur les chapiteaux des colonnes, ce qui les fait paroître doubles & partagés par un triglyphe. Cet ornement décore auffi la frife, mais les métopes ne contiennent aucune figure. La grande voûte qui n'a pas affez d'élévation, approche du gothique, mais les ogyves y font diftribuées avec beaucoup d'ordre & de ménagement. Les vitres font dans un enfoncement femblable à une conque renverfée, où les parties latérales font comme fufpendues. La grande faillie de ces berceaux, qui véritablement a beaucoup de hardieffe, mais qui couvre un peu trop les vitres, vient réunir toutes fes arêtes fur les chapiteaux des colonnes, mais en les preffant de maniere que la bafe n'a pas plus de 2 pieds de largeur. Le rond-point, qui a toutes fes proportions, eft éclairé par deux grandes fenêtres.

Les chapelles font quarrées & très-grandes, mais les bas côtés n'embraffent pas le rond-point; ce qui n'eft point un défaut, puifque c'eft la même chofe à S. Pierre de Rome & à S. Paul de Londres, & qu'il n'y a fur cela aucune loi dans l'architecture. Aux nouvelles Eglifes de

Ste. Geneviéve & de Ste. Madeleine de Paris, les petites voûtes ne ceindront point non plus la grande; cela donne cependant plus de liberté dans une Eglise. Pour avoir une chapelle de la Vierge, on a fait au Havre de Grace, comme l'on fera à la Madeleine de Paris; on a placé le principal autel à quelque distance du chevet de l'Eglise, & on l'a fermé de balustres; ce qui laisse assez de place entre le chœur & la chapelle.

Le chœur est environné d'un double rang de formes d'une belle sculpture, & d'une balustrade de fer à fleurs d'or. Le sanctuaire est envelopé de rideaux de damas blanc le long des balustres sur lesquels s'élevent de grands chandeliers à distance égale, & chacun est accompagné de plusieurs autres qui descendent par dégrés comme au chandelier de l'ancien temple. On voyoit sur l'autel un tabernacle d'une fabrique immense & d'une très-noble architecture. On a jugé propos de le placer à la chapelle de la Vierge, qui n'avoit pas besoin de cet ornement. On vouloit avoir un autel à la romaine; mais on n'avoit pas la faculté d'embellir cet autel par des colonnes ou des suspensions magnifiques. Il est donc resté dépouillé de tout ornement. On pourroit, en conservant la vûe du bel autel de la Sainte Vierge, placer sur celui du chœur un ange élevé sur un groupe de marbre vrai ou faux, & qui tiendroit dans ses mains le Saint Ciboire, ou du moins une couronne; ou l'on pourroit y mettre un baldaquin à jour, supporté par des anges ou par des palmiers de 4 à 5 pieds de haut, avec une croix bronzée d'égale hauteur, & six chandeliers semblables. De plus un ange adorateur de chaque côté de l'autel.

L'autel de la Ste. Vierge est magnifique, tant à cause de la grandeur & du prix du tableau de l'Assomption, que de tout le rétable qui couvre le rond-point jusqu'à la voûte. Les colonnes sont torses & ornées de pampres d'un beau travail..... La chaire a des bas reliefs qui méritent d'être vûs; le buffet de l'orgue doit être aussi considéré; le devant de la tribune représente les quatre Evangelistes avec des symboles, d'un ouvrage délicat, & le dessous du jubé forme des compartimens ornés de roses & de figures.

Les sépultures remarquables pour le

dessein, sont celle d'un Evêque dans la chapelle de l'Annonciation, celle des Raulins, & celle de M. Fleurigant dans la chapelle de la Madeleine. Cette dernière est de marbre bien conservé. Nous allons transcrire l'épitaphe qui contient des circonstances essentielles à cette église.

D̃ne
Veniant mihi miserationes tuæ, & vivam.

En cette chapelle gist le corps de noble homme Messire Loys Fleurigant, de son vivant conseiller du Roi & Lieutenant particulier en la vicomté de Montivilliers, par le soin & diligence duquel étant trésorier de cette église en l'année 1605, les autels d'icelle ont été bénis par M. l'Evêque de Damas, & le plus grand revenu du trésor de céans provenant du sel omôné auparavant incertain & casuel, rendu plus c r & plus assuré sous la faveur de M. le Marquis de Villars, gouverneur de cette ville, & durant le tems de sa charge de trésorier, fait restaurer & construire une bonne partie de ce bâtiment & notamment de cette chapelle en laquelle il a élû la sépulture de lui & des siens. Il décéda le troisième jour d'Octobre 1617.

Dieu lui fasse misericorde.

L'Eglise de Notre-Dame s'annonce très-bien au-dehors. Les chapelles son partagées par des arcs-boutans qui von toucher la muraille dans l'intervalle de fenêtres, & au-dessus s'élevent des pyramides qui semblent couronner ce gran bâtiment, qu'environne une balustrad de pierres à claire-voye. On y a sculpt du côté du nord les premieres parole du *Pater*. Les portes latérales de cett Eglise ont la même hauteur que le gran portail. Le dessein en est assez régulier & présente différens ornemens d'architecture. Mais pour ne point ennuyer dan cette description, je m'arrête à la princ pale entrée.

Le grand portail.

Le grand portail est composé de deu ordres d'architecture, & contient dou colonnes sans les pilastres. Le premi ordre a beaucoup de largeur, mais second diminue & se rétrécit comme celui de Saint Roch, ou celui de Sorbonne. Les colonnes de l'ordre ionique à ce portail ont le fût environné de larges bandes cannelées, & sont appareillées avec des pilastres de même figure. Le second ordre a quatre colonnes, & dans l'entre-colonnement de tout l'édifice, on voit des niches sans statues. Le milieu du second ordre est coupé par une grande fenêtre plus longue que large, qui forme une rose à sa partie supérieure. Cet ordre, qui n'est point achevé, doit être corinthien, comme on le voit aux modillons de la corniche. Les chapiteaux des colonnes sont tout bruts & dévorés par le tems. Ce portail qui a été fini précipitamment, n'a point de fronton, il est terminé par une plateforme.

Au-dessus de la grande porte dans un demi-cercle enfoncé, l'on voit une statue de la Sainte Vierge, environnée de quatre anges qui ont des palmes à la main. On lit autour du ceintre de cette grande décoration, cette inscription latine (*Spes publica, errantium salus.*) Au-dessus des petites portes on voit de anges en demi-relief, & des sculptures très-bien finies. Le portail est séparé de la rue par un parvis que ferment des bornes.

Si l'on avoit à Paris un édifice aussi-bien commencé, on souhaiteroit de pouvoir le finir, & je ne crois pas, s'il étoit achevé, qu'on en vît ailleurs de plus remarquable. Il seroit à souhaiter que les Magistrats de cette ville qui l'ont ornée depuis peu de plusieurs bâtimens, eussent quelqu'émulation au sujet de ce portail. On l'acheveroit à peu de frais. Il s'agiroit seulement de renouveller les chapiteaux des colonnes, réparer l'entablement, & couronner l'ouvrage par un fronton, dont le tympan représenteroit l'écusson de France. Je pense même, sans vouloir blesser personne, que la fabrique est obligée de finir ce portail sur les 1200 liv. de rente que Henri le Grand accorda à cette église pour sa construction & son entretien.

L'église de Notre-Dame est dégagée de tout autre édifice, & close par des cimetieres, dans l'un desquels est la tour du clocher auprès du portail. C'est un quarré fort large & fort simple où l'on a élevé une lanterne sur une espece de grand cône de plomb, dont cette lanterne coupe la pointe. Rien n'est si charmant que la multitude & la variété des objets qu'on découvre de-là sur le port & la mer, la ville & la campagne. L'intérieur de ce cône est occupé par une charpente qui couvre la tour, & l'on parvient à la lanterne par une montée de bois qui tourne sur un pivot d'une façon singuliere. L'escalier de la tour est de pierres, en ligne spirale, depuis le haut jusqu'au bas, de sorte que par le noyau on voit les personnes qui sont à la premiere marche.

Les Chantres de l'église du Havre, qui sont appellés *Choristes*, ne sont point en titre permanent, & il seroit à souhaiter que quelque personne fondât du moins une demie pension pour six enfans de chœur qu'on éleveroit de la maniere qui convient à cette grande église. J'ai vû souvent les étrangers désirer cet arrangement.

Saint François, les Capucins, les Ursulines.

Saint François est la seconde église du Havre. Elle est grande & fort bien décorée. La nef a été ajoutée au chœur avec les chapelles, ce qui fait qu'elle a plus d'élevation. On doit remarquer le rétable du grand autel, & les orgues. Les Convents de Capucins & d'Ursulines sont très-bien entretenus ; il faut s'arrêter un peu aux chapelles du séminaire & de l'arcenal.

Chapelle du séminaire.

La chapelle du séminaire ou de la communauté des Prêtres, a trois autels dont le principal qui est orné d'une statue de la Vierge, toute dorée, au milieu de six colonnes de l'ordre composite, est au fond d'un petit sanctuaire. La dédicace de cet autel est écrite sur une banderolle du couronnement en cette sorte. (*Deo, Deiparæ, divoque Carolo.*) On pourroit critiquer cette inscription pour les mêmes raisons qui font improuver celle du frontispice du Val-de-Grace : (*Jesu nascenti, Virginique Matri.*) L'autel qui se trouve au côté de l'évangile, est sous l'invocation de Saint Charles Borromée, fondateur des séminaires ; & le troisième du côté de l'épître, est encore sous le nom de la Sainte Vierge. On y voit une image de la Mere de Dieu, peinte à fresque sur la muraille, en or & en azur, sous une petite coupole dorée, au milieu de laquelle on a pratiqué une fenêtre qui réfléchit le jour dans cette espece de paradis, & anime considérablement l'éclat de cette peinture. Ce bel ouvrage est d'un enfant de la ville, (M. Hantier, dont on a parlé ci-dessus) qui a fait mettre une glace au-devant, pour le garantir. Le même a peint dans le ciel du dôme de cette chapelle un Christ en croix qui paroit détaché comme s'il étoit debout. Cet ouvrage de perspective qui fut l'essai de son Auteur, est d'une grande beauté. Les murs de la chapelle sont enduits de plâtre, où l'on a représenté différens emblêmes de religion.

Chapelle de l'arcenal.

La chapelle de l'arcenal ou de la marine, est dorée partout, & même à la voûte. On y voit plusieurs grands tableaux, avec de belles bordures, & les armes d'Amiral y sont gravées en plusieurs endroits. Les Officiers y entendent la Messe dans une tribune également riche.... Les chapelles de l'hôtel de ville & de la prison, les églises des Pénitens & de l'hôpital ne m'arrêteront point. Je passe aux bâtimens publics, l'hôtel de ville, l'hôtel du Commandant, le prétoire, la douane ou romaine, la manufacture de tabac, les casernes de soldats, la porte d'Ingoville.

Édifices publics.

L'hôtel de ville occupe le côté du nord sur la place d'armes, & regarde la mer & la riviere. Il contient plusieurs appartemens de différentes grandeurs, ornés de lustres, de glaces, & de tapisseries de hautelice à personnages. On remarque surtout la salle des assemblées, où l'on voit un abregé de l'histoire de Louis le Grand, peinte sur les murailles. Cet hôtel a deux cours, une sur la rue d'Estimauville, où il a aussi des appartemens; & l'autre sur la place d'armes; c'est la grande cour qui a plusieurs citernes pour fournir de l'eau pendant un tems considérable, quand les fontaines viennent à manquer. Elle est environnée d'une galerie où l'on se promene, & fermée par une grille de fer où l'on voit les armes de France entre deux dauphins. Le revers de cet écuſſon offre les armes de la ville, où la ſalamandre eſt couronnée de même qu'au ſommet de l'édifice qui eſt écraſé, & qui n'a point de frontiſpice qui ſoit convenable.

La maiſon du Gouverneur, ou ſi l'on veut, du Commandant, eſt ſituée dans la gorge du baſtion de Saint-André, en belle vûe. Elle eſt bâtie comme un des beaux hôtels qu'on voit à Paris, avec des cours & de l'emplacement le long de la muraille.... Le prétoire occupe tout un côté de la place du marché, & ſe préſente très-bien à ceux qui y arrivent. Ce bâtiment a de belles ſalles, de grands appartemens, & une horloge ſur le comble... la romaine a été conſtruite aux dépens des fermes. Elle eſt d'une architecture noble & réguliere, qui orne le grand quai du côté de la pointe, c'eſt-à-dire, vers le détour que fait la mer pour aller au baſſin. Elle a ſes cours & ſes appartemens nombreux....Le bâtiment de manufacture eſt auſſi très-beau; il forme un quarré ſpacieux, fait de briques blanches, avec des bordures de pierres de taille. On y trouve pluſieurs cours ſur leſquelles regnent les divers appartemens qui font néceffaires à cette manufacture. La principale face a trois frontons, & la porte du milieu qui eft d'une hauteur exceffive, préfente plufieurs ornemens d'architecture qui ont de la nobleffe... les cafernes font régulieres, mais fans ornement, quoiqu'elles ayent coûté beaucoup. Elles forment deux grandes aîles fur une cour où les foldats de marine faifoient leurs exercices. On y loge actuellement des troupes en quartier d'hiver.

La porte d'Ingoville.

Il faut diftinguer le milieu & les deux tours qui l'accompagnent. Cet ouvrage ainfi compofé, paffe, avec raifon, pour une des plus belles entrées de ville qu'il y ait en Europe. Les deux tours de briques rouges avec des chaînes de pierres ont plus de hauteur à proportion que de circonférence, & elles ont au-deffus des embrafures un toit d'ardoife, dont la pointe foutient une fleur-de-lys. Le corps de la porte qui tient le milieu, n'eft point baigné de l'eau du foffé comme les deux tours, il a fa bafe fur le pont; ce qui rend cet afpect très-agréable;

&

& il est enrichi de bas-reliefs, d'habillemens de guerre, & de trophées. On voit à la partie supérieure l'écusson de France détaché du fond, avec des accompagnemens, entr'autres de deux belles statues qui s'appuyent sur le côté pour regarder ces armes. (La seine à droite, & l'océan à gauche.) On voit en bas, au-dessus de l'entrée, les armes du Cardinal de Richelieu, qui fit construire ce célébre monument qui est de l'ordre dorique. Après avoir passé un réduit couvert, on trouve une cour quarrée, où regne une large galerie vis-à-vis des appartemens dont les faces sont ornées de différentes armures ; la partie basse forme des corps de garde & des magasins.

Du côté de la ville cette porte a deux colonnes ïoniques avec une frise bien sculptée. On y remarque encore aux deux extrémités deux petites tours qui en s'élevant s'écartent de plus en plus de leur base, & paroissent comme suspendues. Au milieu de cette face, on a posé un grand cadran, qu'on apperçoit en mer, quand on est à peu près dans la ligne de cette porte, qui a la singularité de se présenter toujours en face, de quelque côté qu'on y arrive de la campagne. Il faut convenir pourtant qu'elle se présente mieux du côté de Ste. Adresse, qui est plus direct au mur de la ville.

Le port.

En général, tout port de mer ou de riviere, est port d'entrée, ou port de marée & de barre. S'il est port d'entrée, les vaisseaux y peuvent aborder en tout tems ; s'il est port de marée, il faut attendre qu'elle y revienne. Le port du Havre de Grace se vuide au départ de la marée, & il ne reste que peu d'eau dans le canal, il est donc un port de marée & de barre. Parmi les ports il y en a de choix où l'on bâtit & entretient les flottes qui font la sûreté & la force des Etats; car l'expérience a fait voir que la puissance qu'on a sur mer, vaut beaucoup mieux que celle qu'on a sur terre, pour former & conserver un grand Empire. Les Grecs, les Carthaginois, & les Romains, ont établi la grandeur de leurs Etats par de nombreuses flottes : le Portugal n'est devenu puissant que par la navigation; la République e Gênes s'est accrue par le même moïen; & l'Angleterre & la Hollande sont moins considérables par l'étendue de leurs terres, que par la multitude de leurs vaisseaux. Quel essor n'a pas pris la France aux yeux de l'Univers, depuis qu'elle a avec tant de succès cultivé la marine, à l'exemple des anciens Gaulois, autrefois si redoutables sur les deux mers de notre Empire, à Vannes & à Marseille ?... C'est pour cela qu'outre les ports destinés à faire fleurir le commerce, il y en à d'affectés aux flottes royales pour la gloire & le salut de l'Etat.

Harfleur fut autrefois le meilleur arsenal de la marine de France, mais l'éloignement de la mer, occasionné par les bancs de sable, a ruiné cette ville célébre. Le Havre de Grace fut construit exprès pour servir de rempart contre l'Angleterre, & pour conserver au Royaume une des plus belles provinces. François I. son fondateur, dans la premiere charte qu'il donne à cette ville, se plaint de ce qu'il n'a pas dans son Royaume un seul port en état de tenir ses vaisseaux en sûreté, & il ajoute qu'il veut, que le Havre leur serve de retraite, ainsi qu'à ceux de ses Alliés, non-seulement pour enrichir l'Etat par son commerce, mais encore les particuliers ses sujets. Le Port-Louis & Rochefort ont été bâtis sous les deux derniers regnes, & ces deux ports, avec Brest, Dunkerque, & le Havre, ont été sous Louis XIV. les arsénaux de la mer océane.

Le bassin du Havre de Grace est destiné aux vaisseaux de guerre qui peuvent y être toujours à flot. Les magasins sont bien fournis & policés, le port est défendu par une excellente citadelle, par des tours & des fers à cheval, remplis de canons, les Mariniers sont connus par leur adresse & leur courage, & le pays de Caux produit abondamment toutes sortes de denrées. Traçons exactement & succinctement le plan de ce port.

On peut distinguer deux sortes de ports, eu égard à la figure ; ports naturels, ports artificiels. On entend sous le nom de port naturel une baye, une anse, un canal où la mer s'insinue entre deux terres ou deux côteaux ; de sorte que ce soit une retraite sûre pour les navires sans aucun travail, & par le seul avantage du lieu. On les appelle autrement havres bruts, c'est-à-dire, sans aucun art. On peut appeler port d'artifice celui que l'on ouvre dans quelque position favorable, comme peut être un vallon, à l'abri de quelque côte, & dont on détermine la figure par les circonstances. On y fait ordinairement des digues, outre les murailles qui les ceignent. Presque tous les ports sont bâtis ainsi, & le Havre de Grace qui fut naturel dans son origine, tient actuellement plus de l'art que de la nature. Ces ports de quelque sorte qu'ils soient, peuvent être égaux en utilité, si d'ailleurs toutes choses sont égales; mais pour la beauté de l'aspect, il est aisé de juger que dans la composition d'un port artificiel, l'industrie peut surpasser l'ouvrage de la nature. On dit que M. de Vauban a remarqué qu'à peu de frais le Havre de Grace pourroit devenir un des plus commodes & des plus beaux ports de l'Europe; (sans doute parmi les ports de marée.) Le port du Havre, dans l'état où il est, peut aisément contenir trois cens vaisseaux du second rang.

Le bassin du Roi.

La ville est partagée en deux par la partie du canal qui remonte jusqu'au bassin. Ce bassin est le port intérieur séparé du reste. A Brest, c'est la chambre; à Calais, c'est le paradis. Les navires y sont dans une tranquillité parfaite, & rien n'est si agréable que de voir ainsi tant de vaisseaux rassemblés dans le sein d'une ville, de maniere que les mâts se joignent au faîte des maisons. Le bassin du Havre peut contenir à flot une escadre de seize vaisseaux de ligne, ou 25 à 30 vaisseaux d'une moindre grandeur, par le moyen des écluses qui sont à l'entrée dans un réduit fort étroit, de maniere qu'il faut bien prendre les dimensions d'un vaisseau de guerre, pour qu'il n'y demeure pas embarrassé. Ces écluses sont, comme nous avons dit, quatre grosses portes qui s'ouvrent & se ferment sur une plate-forme bien assise, dont nous avons rapporté la fondation. Autour du bassin regne un large quai pour la promenade, où l'on trouve en tout tems des ancres, des boulets, des cables, des mâts, &

autres piéces de vaisseaux désarmés. Il est environné de murailles dans toute son étendue, excepté toutefois du côté du port où il n'est fermé que par un treillage de fer sur un mur d'appui, de sorte que ceux qui traversent le pont, ont la vûe de tous les navires. On y entre de ce côté-là par deux grandes grilles, & par six portes du côté du chantier de construction qui est un grand espace où l'on peut en même-tems construire trois vaisseaux de 60 à 80 piéces d'artillerie.

On trouve à l'extrémité du bassin, d'un côté trois petites allées d'arbres, & de l'autre un corps-de-garde pour la marine. C'est près de-là qu'étoit l'Amiral qui seul dans tout le port portoit au grand mât le pavillon François. On ouvroit & fermoit les portes du bassin à des heures marquées au son du tambour & du fifre, de la même façon que les portes de la ville.

L'arsenal & les magasins.

Sur un des côtés du chantier est situé l'arsenal. C'est un quarré composé de magasins, haut & bas, sur une cour, autour de laquelle regne vis-à-vis des appartemens une galerie. On voit dans la cour continuellement tous les agrès néceſſaires à une flotte. Dans le bas on trouve la chapelle dont nous avons parlé, la ſainte-Barbe, où l'on tient l'école pour le canon, différens bureaux pour les Officiers, l'attelier des Sculpteurs, & diverſes ſalles où l'on conſerve les voiles, les cordages, & autres choſes. On voit au-deſſus, la chambre du Conſeil pour la marine, celle des mathématiques & du pilotage, celle où l'on deſſine les plans de conſtruction ; enfin le magaſin des armes très-bien fourni & très-bien entretenu. L'arſenal a deux entrées, dont la principale eſt ſur la rue à l'oppoſite de la premiere.".... De l'autre côté du chantier de conſtruction, on trouve l'Hôtel du Tréſorier de la marine, où réſidoient les Directeurs de la Compagnie des Indes, & quelques magaſins pour différens uſages. Mais ceux où l'on garde les vivres pour les vaiſſeaux du département du Havre, & qui ſont les mêmes que ceux de la Compagnie des Indes, ſont ſitués hors du baſſin contre le rempart. La tonnellerie de la marine est dans le bastion de Saint André, & se joint à la grande corderie ou corderie royale qui regarde la mer. C'est-là que l'on fabrique ordinairement les cordages, non-seulement pour les vaisseaux de guerre du département du Havre, mais encore pour ceux de Brest, & d'ailleurs. Sa longueur va jusqu'à 180 toises. C'est une galerie couverte le long de la muraille de la ville sur laquelle elle a une infinité d'ouvertures, ainsi que du côté de l'esplanade; elle a ses cours & ses magasins où l'on conserve les cordages, deux entrées principales comme celles d'un château, & elle se termine dans le bastion de Sainte Adresse, où l'on voit une statue de Louis XIV, au milieu de plusieurs ornemens d'architecture. La corderie du quartier de Saint François, qui appartenoit à la Compagnie des Indes, est à présent presqu'inutile. Enfin il y a deux forges appartenantes au Roi, l'une au bastion de la Musique, & l'autre dans la demi-lune qui couvre la porte de la ville du côté de la campagne. Celle-ci est très-belle, & l'on y voit avec plaisir les fourneaux, les marteaux, & autres instrumens pour forger & pour battre les ancres.

Le pont tournant.

Le pont qui sert de communication aux deux quartiers, quoiqu'on puisse aller de l'un à l'autre par-derriere le bassin, a été différent selon les tems. Aujourd'hui il est composé de deux parties, dont chacune tourne sur son pivot des deux côtés du canal, & ces deux parties en se réunissant forment sur l'eau une espece d'arcade, sur laquelle peuvent passer les plus pesantes voitures. On les sépare pour faire entrer les vaisseaux dans le bassin.

Les quais du Havre.

A ce pont commence un long espace destiné aux alléges ou vaisseaux de transport qui appartiennent aux Négocians de la ville. Au détour qui se fait à la pointe, le port s'étend à gauche jusqu'à la grande bare qui a son réservoir dans un très-beau bassin, & à droite commence le grand quai, qui vient aboutir à la grosse tour où est l'entrée du Havre. Cette grande ligne du port se trouve placée vis-à-vis de plusieurs rues dont les maisons la couvrent, mais elle n'est séparée de la mer, ou si l'on veut de la riviere, que par une forte muraille, avec un parapet élevé pour amortir les coups de vent de la partie du sud. On appelle cette terrasse la jettée du sud-est, où sont plusieurs écluses. Les quais sont pavés partout de belles pierres jusqu'à certaine distance, le reste est de grès, comme dans la ville.

Les tours & les jettées.

A l'extrémité de cette partie qui fait l'entrée du port en se resserrant, s'élevent les deux tours, dont nous avons fait l'histoire. La premiere & la plus remarquable, est la grosse tour qu'a fait bâtir François I. de glorieuse mémoire, dont on voit la statue à cheval au-dessus de la porte. Elle est précédée de la maison du Commandant & de deux petits fossés du côté de la ville. Elle a divers appartemens, une belle salle, & des caves très-séches, quoique fondées plus bas que le lit du port. Dans ces caves sont deux magasins, un pour l'artillerie de terre, l'autre pour les Armateurs ou Négocians, moyennant la somme de 20 liv. par vaisseau. Le Greffier de la ville &

le Maître Canonier, en ont chacun une clef. On voit au haut fur le bord des embrafures le corps de garde des fentinelles, avec bon nombre de canons qui dominent fur la petite rade, & on a, de deſſus la terraſſe qui la couvre, une vûe immenfe fur la mer & fur les côtes. Comme cette tour eſt la gardienne du port, & que le Fondateur y a fa ſtatuë, les vaiſſeaux en entrant & en ſortant, la faluent d'un coup de canon. Vis-à-vis eſt la tour du Vidame qui a fervi de phare aſſez long-tems. C'eſt un petit quarré avec ſes embrafures, qui ordinairement n'ont point de canon. C'eſt à ces deux tours qu'on attache la chaîne, quand on veut fermer le port.

Au-deſſous de la tour Vidame la digue fe prolonge encore fort loin, & cette longueur, à la prendre ſeulement depuis le fer-à-cheval qui tient le port en reſpect, eſt très-conſidérable. De l'autre côté, la jettée du nord, au-deſſous de la groſſe tour, forme un large quai qui contient de très-bonnes écluſes, après lesquelles la digue continue en s'élevant un peu juſqu'à des barrieres que l'on ferme, pour empêcher qu'on n'approche de la tour pendant la nuit. Elle s'étend de-là jusqu'à la mer, en faisant plusieurs coudes, & c'est de ce point principalement qu'on estime sa longueur qui doit passer 160 toises. Elle peut avoir trente à trente-cinq pieds de haut, sur douze à quinze de large, entre les deux parapets. Il n'y a point de batterie à l'extrémité, comme ont dit quelques-uns, on y voit seulement un grand mât où l'on éleve le pavillon pour avertir les vaisseaux qui sont en mer, du tems convenable pour entrer. Mais pendant la nuit, c'est avec des feux qu'on fait le signal.

La mer monte dans le bassin à diverses hauteurs, selon les tems ; mais il ne peut contenir plus de dix-huit pieds d'eau. Il en entre dans le port Marchand jusqu'à vingt & vingt-quatre dans les grandes marées. La mer n'est pas extrêmement haute sur les rivages de Normandie & de Picardie. D'ailleurs, le Havre est situé fort avant dans la Manche, & comme enseveli dans le golfe de la Seine. Les eaux de la mer pour y parvenir, font plusieurs détours qui les affoiblissent & les absorbent. C'est pour cela que l'entrée du port de la ville du Havre, est ouverte au sud-ouest, quoique par rapport à la situation de la Manche, la mer descende de l'ouest pour y arriver, parce que le golfe de la Seine étant couvert par les côtes de la basse Normandie, le flux renvoyé par la pointe de Barfleur, a plus de pente vers la côte du sud. Mais le Havre de Grace a un avantage fort considérable au-dessus de tous les autres ports du royaume, qui sont de marée, c'est qu'il conserve son plein pendant plus de quatre heures; desorte qu'on a vû souvent des flottes de 120 voiles & davantage, en sortir & y rentrer en une seule marée, même de vent contraire. C'est que la Seine rase l'entrée du canal, & elle descend avec assez de force, pendant que la mer se retire, pour soutenir les eaux du port qui s'écouleroient plus promptement sans cet obstacle. Pour bien entendre cela, il faut remarquer que le flux de la mer se fait sentir assez brusquement dans la riviere de Seine, parce qu'il est occupé longtems à remplir un profond sinus entre la pointe de Dive & le cap de la Heve. Mais quand il est une fois rempli, la mer plus vigoureuse refoule la Seine avec une impétuosité terrible, & communique son mouvement jusqu'au pont de l'arche. C'est ce flot impétueux, très-dur pour les bateaux, qu'on appelle la barre, en terme de marine, lorsque la mer est environ à moitié de sa hauteur (a). Or ces eaux qui sont remontées à près de quarante lieues, refluent avec la marée & redescendent dans le golfe de la Seine. Les vagues s'amortissent dans un creux de la jettée du sud qu'on a pratiqué pour cela, & les différens détours de la digue du nord, affoiblissent de même le trop grand effort de la marée, qui, lorsqu'elle est parvenue dans le port par une bouche étroite qui en accélère le mouvement, y reste long-tems égale & tranquille, parce qu'elle est renfermée entre des murailles qui s'élargissant peu à peu à mesure qu'elles s'écartent de l'entrée, lui laissent moins de communication avec les eaux du dehors. Enfin, les rades du Havre, quoiqu'exposées aux coups de

(a) Les Pilotes du port qui vont à la découverte, l'appelle la Verhôle, que M. du Bocage croit être le retour de la marée, qui vient de la Seine. Erreur.

vent de la bande de l'ouest, sont bonnes pour tenir les ancres, les vents incommodes sont favorables pour arriver au port, & quoique la mer n'y soit pas si belle qu'elle y étoit autrefois, quand il sera bien nettoyé & bien entretenu, il sera toujours très-utile.

Les fortifications du Havre de Grace.

La ville du Havre a une bonne enceinte, flanquée de quatre bastions, dont deux commandent sur la mer. Cette enceinte est couverte du côté de la campagne par plusieurs demi-lunes, dont celle qui sert de première entrée à la ville, est revêtue de briques avec chaînes de pierres de taille. Elles sont environnées d'un double fossé, dans lequel tombent plusieurs ruisseaux qui font des isles & des marais autour de cette enceinte jusqu'à la citadelle. Il manque à ces fossés qui ne sont point assez profonds, un chemin couvert pour les défendre. Le côté de la mer est beaucoup mieux fortifié. Les fossés sont larges & profonds, les chemins couverts, beaux & réguliers. Comme la ligne de défense est un peu longue, M. de Vauban a fait faire entre les deux baſtions une très-grande demi-lune, revêtue de pierres de taille. Devant la porte du Perré, l'on trouve une fortification qui a deux faces avec un ſeul flanc. C'eſt la premiere porte ou porte avancée. On monte ſur la terraſſe de cette fortification par deux eſcaliers, pour conſidérer la mer & les vaiſſeaux qui ſont ſur la rade. Elle a ſes barrieres des deux côtés, & ſes ponts-levis, comme la porte d'Ingoville, du côté de la campagne. Piganiol de la Force a remarqué que les fortifications du Havre ſont du Chevalier de Ville: je diſtingue. La citadelle, l'ouvrage à cornes, & pluſieurs demi-lunes, ſont du Chevalier de Ville, cela peut être; le Cardinal de Richelieu fit faire ces ouvrages en 1628, & le Chevalier de Ville étoit âgé de 31 ans en 1627, comme on voit au bas de ſon portrait dans ſon livre imprimé en 1640. Cependant dans ce que j'ai lu de cet ouvrage, je n'ai point vû qu'il faſſe mention du Havre, quoiqu'il cite une infinité de places qu'il avoit vûes, ou fortifiées. Pour ce qui fait proprement l'enceinte du Havre, il n'en peut être l'auteur, comme il eſt évident. Le ſavant Evêque de Metz (Beaucaire) dans ſa relation du ſiége, fait mention de trois baſtions autour de la place comme nous les avons expliqués en leur lieu.

La Citadelle.

La citadelle eſt compoſée de quatre baſtions aigus bâtis de briques à chaînes de pierres de taille, aux gorges deſquels ſont des bâtimens en voûte. Elle a deux portes d'une belle architecture, une du côté de la ville, que l'on appelle *porte de Leure* ou *porte royale*; l'autre du côté de la campagne, que l'on appelle *porte du Secours* ou *porte Dauphine*. Elles ont chacune leur demi-lune revêtue de la même maniere que les baſtions, les remparts, & une autre demi-lune qui regarde la côte. Celle qui regarde la ville, eſt en pleine terre, les autres ſont dans les foſſés à fond de cuve très-larges & toujours pleins d'eau. La citadelle a ſes ponts-levis, ſes herſes dans les portes, & ſes barrieres. La place d'armes très-ſpacieuſe eſt environnée d'arbres, & l'on trouve ſur les quatre aîles qui la bordent, le logis du Gouverneur avec la chapelle, différens magasins, & huit grands corps de casernes qui forment des rues du côté des portes. Elles sont bâties avec uniformité, & à même hauteur de toiture. Le gouvernement est un grand édifice qui réunissoit plusieurs ornemens d'architecture, il est inhabité depuis très-long-tems, & actuellement inhabitable.

La chapelle qui est auprès & assez bien ornée, est desservie par les Capucins ainsi que celle de la marine. On n'y peut enterrer que le Gouverneur & le Lieutenant de Roi. Les magasins d'artillerie dont la face est belle, sont des mieux fournis du royaume. Les Curieux ne manquent point d'y considérer la multitude & la variété, le bel ordre & l'état des différentes armures. On voit ailleurs d'autres espèces de munitions. Quoiqu'il y ait dans la place de la citadelle deux fontaines très-ornées qui jettent l'eau chacune par quatre bouches dans des bassins, on y conserve encore dans des citernes l'eau de pluye par précaution. On monte sur les bastions par quatre escaliers à l'ouverture des gorges, & de chaque côté des deux portes on en trouve de pareils qui conduisent à des plates-formes de pierres au-dessus de ces portes. On a de dessus les plates-formes, les bastions & les remparts qui sont plantés d'ormes dans tout le circuit, des vûes charmantes sur la mer & sur le port, la ville & la campagne.

La citadelle a son chemin couvert bien régulier qui se termine aux extrêmités qui regardent le port, par deux ouvrages qu'on appelle *fers à cheval*, dont le plus vaste toujours garni de quantité de canons de bronze, domine tout le port & le canal; l'autre qui donne sur le bassin de la bare, me paroît assez inutile. Comme le glacis du côté de la mer est battu par les flots, il est armé d'un grillage de charpente dont les chambres sont garnies de moilon. Du côté de la campagne qui avoisine les Capucins, le parapet du chemin couvert, qui n'est pas revêtu, est défendu par une palissade, & le glacis par un avant-fossé. Enfin l'on trouve à l'extrêmité du chemin couvert du côté du bassin de la bare, un grand bastion obtus & irrégulier, ancien reste de la premiere citadelle.

LES ENVIRONS DU HAVRE DE GRACE.

La vallée du Havre de Grace n'est pas stérile & déserte, destinée seulement à la pâture des troupeaux; c'est un agréable pays, planté d'arbres, chargé de moissons, & de maisons de plaisance. Les citoyens du Havre ont bâti entre le grand cours & la plaine de Leure, une quantité prodigieuse de petites habitations qui ont chacune leur jardin, & forment une espèce de basse-ville à deux pas de la haute. Pour procéder toujours avec méthode, nous allons parler successivement d'Ingoville, de la chapelle de Saint-Roch, du chantier ou parc-aux-bois, des corderies, de la chapelle de Sainte Marguerite, de Graville, de Leure, des Neiges & du Hoc, & nous finirons par les articles d'Harfleur & d'Honfleur, qui sont en commerce avec le Havre.

Ingoville.

Ce village qui est actuellement un gros bourg, ne peut pas être d'une fort grande antiquité; attendu que la partie de terrein, qui est voisine du

Havre, est très-moderne. Cependant, l'église est située sur une pente qui ne laisse pas d'avoir de l'étendue, vis-à-vis de la côte, & qui n'est point un accroissement de terres, comme j'ai remarqué au commencement de cet ouvrage. Dès le milieu du quinziéme siécle, elle avoit une succursale du nom de la bienheureuse Marie, dans le territoire du Havre, qui commençoit à se former. Ce village n'est point le fauxbourg de la ville, dont il est séparé par une longue avenue, & dont il n'a pas les privileges. On n'a même obtenu de le paver que les années dernieres. Le Curé du Havre y a son presbytere, & l'on trouve à l'entrée de ce bourg le Couvent des Pénitens qui est très-spacieux, avec plusieurs beaux jardins & potagers, qui leur sont profitables.

En traversant ce bourg, on parvient insensiblement à la montagne d'Ingoville. Les Etrangers ne manquent point de venir considérer les vûes charmantes que l'on a sur cette côte. C'est une vallée florissante couverte d'arbres, de moissons, & de belles fermes, qui se présentent à l'œil du Spectateur étonné, une ville forte dont on apperçoit les rues dans toute leur longueur à mesure qu'on avance, une forêt de navires confondus avec les maisons, un bras de mer compris entre cette vallée & les côtes méridionales, dont la chaîne continue jusqu'à ce qu'elle disparoisse à l'horison, enfin une quantité de vaisseaux qui voguent sur cette mer, les uns pour entrer dans le Havre, les autres pour remonter la Seine. Si l'on avance du côté du nord, le point de vûe se dilate, & la perspective qui change, devient plus grande & plus heureuse. C'est un espace immense de mer, dont la vûe n'atteint point le terme, une suite de côtes vers l'occident, plus éloignées & plus obscures, souvent prises pour des nuages, quand le ciel est couvert; mais si c'est un beau jour, le tableau se déploye, & l'on a tout le spectacle, bizarre & gracieux, des vallons, des montagnes, & des pyramides que les flots paroissent baigner sur les bords de l'horison. Si la mer se retire, on voit la Seine porter majestueusement ses flots dans le sein de l'océan sans les y confondre, ou si c'est le tems où revient la mer, l'océan pénétrer dans le sein de la riviere, & refouler ses eaux. Mais si les vents sont déchaînés sur la face des ondes, les eaux se mêlent, & l'on n'entend plus que le mugissement des vagues qui s'élevent & qui retombent dans les abîmes.

La chapelle de Saint-Roch.

Cette chapelle située assez près de la mer, est destinée à servir dans le cas des maladies contagieuses. La ville acheta pour cet effet en 1587, deux acres de terre qu'elle fit fermer d'une muraille. On y bâtit quelques salles & cette chapelle qui n'est point en titre.

Le chantier.

Le chantier est un grand espace marécageux, qui s'étend depuis la porte d'Ingoville, jusqu'au bastion de Sainte-Adresse. Il est garni de toutes les sortes de bois qui sont nécessaires à la construction des vaisseaux du Roi, tant pour le Havre, que pour les autres ports de marine. Il y a un Gardien logé pour cela, avec des appointemens. Comme ce chantier est sans couverture, on avoit pratiqué des fosses le long de cet espace, afin

afin d'y garder les différentes piéces de bois ; & pour y retenir l'eau, on avoit fait une écluse fondée sur pilotis. Mais quoique tout cela ait coûté beaucoup, l'eau pénétre l'écluse, & le travail est inutile. Les Marchands ont aussi leur chantier sur le Perré, & leur bois y est épars, quoiqu'ils ayent plusieurs magasins sur cette esplanade. Près de-là, sur le bord de la mer, il y a en tout tems une batterie de vingt canons pour les réjouissances publiques.

Les corderies & les tuileries.

Les corderies pour les Marchands sont sur le chemin des tuileries du côté de la montagne. C'est une multitude de petits hangards, où l'on conserve les chanvres & les cordages que l'on voit filer en tout tems le long de ce chemin. En tems de guerre, on y fait aussi les cordages des vaisseaux du Roi, & alors on éleve des tentes, pour couvrir ceux qui travaillent. A la suite des corderies on trouve les tuileries où l'on fabrique des carreaux & des tuiles à l'usage des maisons de la ville, & des environs.

Banc pétrifié auprès du Havre.

Si l'on veut continuer son petit voyage jusqu'au promontoire de chef de Caux, on trouvera en-deçà un banc pétrifié sur le rivage, à un quart de lieue de la ville. Ce banc peut avoir huit cent toises de longueur jusqu'à la pointe de la Hève, sur une largeur de trente-cinq à quarante toises, beaucoup moindre en certains endroits. La mer ne se retire jamais assez pour en découvrir toute la surface, & je ne me souviens pas de l'avoir vû plus d'une fois ou deux. Ce banc est plat, légerement incliné vers la mer, & n'a guéres dans ce qu'on en découvre, plus de neuf pouces d'épaisseur. Il est composé d'une pierre noirâtre & dure, portée sur une glaise de même qualité, mais de moindre consistence, & il est chargé dans toute sa masse d'une prodigieuse quantité de coquillages fossiles, qui presque tous, excepté les huîtres communes, ne se trouvent vivans que dans les mers des Indes. Il contient aussi des cornes d'Ammon en abondance. M. du Bocage nous a donné la description de ce banc, dans un long mémoire fait exprès pour cela, & sur la dispersion des coquillages par toute la terre connue, il expose une théorie qui est la même que celle de M. Pluche, & qui réunit beaucoup d'idées de celle d'un Auteur encore vivant (B.'.) Mais tous ces jeux d'imagination, autrement tous ces systêmes naturellement incertains & caduques par bien des endroits, font de grandes violences au texte de l'Ecriture. On y suppose des choses beaucoup plus étranges & plus difficiles que celles qu'on croit trouver dans l'Histoire Sainte. On ne peut disconvenir que le globe que nous habitons, n'ait éprouvé une révolution générale. Mais je ne crois pas que, par les forces de la raison nous en puissions découvrir plus de choses, que ne nous en apprend Moïse, qui sans creuser la terre comme nos Physiciens, tenoit cette vérité, tant de siécles avant nous, de la révélation divine.

Leure.

La paroisse de ce village est ancienne, puisqu'elle appartenoit dès le douziéme siécle au Prieuré de Longueville. On prétend même que dans le siécle suivant, on y voyoit un petit port que le galet a comblé. Mais il y a apparence que c'étoit un commencement de la crique du Havre, qu'on appelloit autrefois la fosse d'Eure, ou de Leure. Le peuple dit, le village de l'Heure, mais il paroît qu'on doit dire *de Leure*, (en latin *lodorum*) selon les anciens titres. Cependant l'Evêque de Metz (Beaucaire) & M. de Thou, disent comme le peuple. (*Cui nomen horæ.*) (Relation du siége.) Il y a une butte sur le chemin de Leure, avec un magasin, pour exercer les jeunes canoniers à tirer au blanc.

Chapelle de Sainte Marguerite.

Au-dessus de l'hôpital très-spacieux & très-commode dont nous avons parlé, est une allée d'ormeaux qui vient aboutir à la ferme de Tournefort où l'on voit les débris d'une chapelle de Sainte Marguerite. Jacques le Neuf, Procureur du Roi de toutes les Jurisdictions royales du Havre de Grace, fonda cette chapelle dans sa maison de Tournefort, paroisse de Graville, à la présentation de ceux à qui cette maison appartiendroit dans la suite des tems, & l'Archevêque de Rouen approuva cette fondation par lettres du 18. Novembre 1659. Le Fondateur y présenta lui-même le 22 Juillet de l'année suivante. Cette fondation avoit sans doute un revenu déterminé ; mais je ne sçai par quel dérangement d'affaires la maison de Tournefort est aujourd'hui comme abandonnée, les terrasses qui par dégrés composoient un amphithéâtre émaillé de fleurs, tombent en ruines, la chapelle est ouverte aux injures du tems, & ces belles eaux qui formoient des cascades au pied de la côte, se perdent dans la plaine. (a).

Graville.

La mer baignoit autrefois la côte de Graville, c'est-à-dire, un avant-côteau de quelqu'étendue, qui regne vis-à-vis, & forme le village. C'est dans ce territoire sur le bord de la Seine qui se décharge dans la mer aux environs de ce lieu, qu'on trouva le corps de Sainte-

(a) La ville du Havre a fait l'acquisition d'une partie de ces eaux qui descendent au quartier de Saint François par le canal de Trigauville.

Honorine. On ne peut pas dire précisément en quel tems arriva le martyre de cette vierge ; mais ce ne peut être plutôt que le troisiéme siécle. Le breviaire de Rouen le place au quatriéme, & ce fut peut-être dans quelqu'émotion populaire, ou sur des ordres particuliers des Gouverneurs de Provinces. On ne connoît pas mieux le genre de sa mort. » Ce qu'il y a de certain (dit M. » Baillet, 27 Fév.) c'est qu'on trouva son » corps sur les rivages de la Seine.... » soit que ç'ait été au village de Graville, » entre Honfleur & le Havre de Grace, » soit que ç'ait été à Honfleur, qu'on » appelloit autrefois *Honofleû.* « Voilà des paroles perdues, car sur quoi fonder cette alternative ? c'est embrouiller de gayeté de cœur une chose très-claire, & former des difficultés qui ne sont point recevables. Il convient qu'on a trouvé ce corps, & il ne sçait en quel endroit : n'est-ce pas allier bizarrement le doute avec la certitude ? » On trouva ce corps, » dit-il vaguement, sur les rivages de » la Seine, « comme si on avoit pû le trouver en même-tems sur la rive droite & sur la rive gauche ; & il ajoute ensuite que sur la fin du neuvième siécle il fut enlevé de ce lieu, & transporté à Conflans. De quel lieu? de Honfleur, sans doute, qu'il a nommé le dernier dans son alternative. Dans la topographie des Saints, article de Conflans, il revient au premier doute, & dit qu'on y apporta de Honfleur ou de Graville, le corps de Sainte-Honorine, Vierge & Martyre, dont on n'a point de connoissance. Remarquez cependant qu'il nomme ici Honfleur en premier lieu, ce qui rompt encore une fois le doute qu'il affecte. Mais après ces variations, Baillet, dans la seconde partie de sa topographie, ne balance plus; & dans l'article de Graville, où il ne fait aucune mention de la Sainte, il renvoye à l'article de Honfleur, où il déclare formellement que Honfleur est une ville de Normandie au Diocèse de Lizieux, à la décharge de la Seine, où s'est trouvé le corps de Sainte Honorine. Il ajoute que cette ville est à l'opposite de Harfleur, ayant au couchant du côté de Havre de Grace, Graville où l'on dispute avec Honfleur, de l'honneur d'avoir possédé la Sainte. Voilà son dernier sentiment, & même le premier, dont il faut examiner toutes les parties, non pour le plaisir de réfuter Baillet, qui manque ici de bonne foi, comme il est visible, mais parce que ma patrie auroit lieu de se plaindre, si j'abandonnois un article si important & si facile à gagner.

Cet Auteur prétend deux choses, malgré ses doutes apparens; premierement, qu'on a trouvé le corps de Sainte Honorine à Honfleur; secondement, qu'il a été apporté de ce lieu à l'Eglise de Conflans. Si cela est ainsi, il étoit inutile de nommer Graville tant de fois. Mais sur quoi se fonde-t-il dans cette idée, puisqu'il n'y a point de monument de cette invention, comme il en convient, & qu'on n'en a d'autre que celui de la translation faite au neuviéme siécle? On ne connoît donc Sainte Honorine que par l'histoire de sa translation. Mais, d'où la connoissoit l'Auteur de cette histoire? par une tradition muette, mais vivante, par une voye de fait, si je puis ainsi parler, c'est-à-dire, par la possession immémoriale des reliques de la Sainte, dans quelque Eglise. Or, de quel lieu les avoit-on transférées ? Baillet avance que c'est de Honfleur. Mais l'Auteur du récit de la translation, dit que ce fut du village de Graville. Voilà donc Baillet manifestement opposé à cet Auteur qui dit avoir le témoignage des anciens de Conflans, au sujet de ces reliques. Baillet ne l'ignoroit pas, & cependant il a osé hasarder cette opposition. Henschénius & le Pere Mabillon, ces Auteurs si judicieux, n'ont fait mention que de Graville. Où Baillet a-t-il donc pris cette fausse opinion ?

Si l'on avoit trouvé ce corps du côté d'Honfleur, on l'auroit sans doute gardé dans ce pays, & on ne l'auroit pas transporté au-delà de la mer, pour l'enterrer sur l'autre rive. Mais si on l'a transféré de Graville, comme il est indubitable, il est naturel de penser qu'on l'a trouvé dans ce lieu, d'autant plus que la ville de Honfleur, (a) qui dès-lors pouvoit être célèbre, n'auroit point permis l'enlevement de ce corps saint en faveur de Graville, qui n'étoit pas plus considérable qu'aujourd'hui ; & Baillet

(a) Quelques-uns l'ont prise pour *Juliobona*, mais sans aucun fondement, & contre toute raison.

se trompe, quand il dit que ce lieu n'est presque plus rien. Graville est toujours ce qu'il a été, un village très-illustre par la haute antiquité de son église, & par l'invention de ce corps saint dans son territoire. Il a même acquis des titres qu'il n'avoit point, puisqu'il est devenu Marquisat avec haute-justice. Au reste, on ne voit point quel intérêt avoit Baillet à favoriser Honfleur plutôt que Graville, & c'est contre la vraisemblance & même contre la vérité, qu'il avance dans l'article de Honfleur, qu'à Graville on dispute avec cette ville, de l'honneur d'avoir possédé la Sainte. Ce n'est point à Graville à disputer, puisque ce lieu possédoit les reliques, & possède encore la partie du col, que l'on trouva dans le tombeau après la translation, comme en fait foi l'Auteur anonyme de son histoire. C'est à Honfleur à disputer cet avantage, si cette ville a des raisons pour cela; mais Baillet ne les a pas connues. Sa méthode n'est donc pas toujours raisonnable, comme le lui ont reproché quelques Savans, qui n'aimoient pas les fables plus qu'il ne les aimoit: & cet exemple apprend à se défier d'une critique continuelle.

Il est donc certain qu'on trouva ces saintes reliques, ou plutôt qu'on les recueillit incontinent après la mort d'Honorine sur la rive droite de la Seine vers son embouchure, & qu'on les enterra au même endroit. Cette certitude est attestée par la possession immémoriale & perpétuelle du corps de la Sainte dans l'Eglise de Graville, jusqu'à sa translation à Conflans au 9e. siécle, & il est très vrai-semblable qu'elle étoit originaire du pays où elle a subi la mort.

Sous le regne de Charles-le-Simple, où les Normands-Danois ravageoient la Neustrie, on transfera à Conflans en Vexin le corps de sainte Honorine. Il ne paroît pas qu'il y eût encore alors de Chanoines réguliers à Graville. L'auteur anonyme de l'histoire de cette translation, qui paroît être un Moine de l'Abbaye du Bec, dit que ce corps fut livré par les mains de Clercs honorables. (*Per manus honoratorum Clericorum.*) Il ne falloit pas que leur Eglise eût alors grand crédit, puisqu'à l'imitation de tant d'autres qui avoient aussi transferé leurs reliques, elle ne répéta point le précieux trésor qu'elle avoit confié. Peut-être refusa-t-on de le rendre. Quoiqu'il en soit, depuis ce tems on le garde à Conflans, qui par cette acquisition est devenu célébre. Dans l'intention d'y perpétuer un culte digne de la Sainte, le Comte de Beaumont-sur-Oise en 1082 donna à l'Abbaye du Bec où présidoit alors S. Anselme, l'Eglise de Conflans dont il étoit Seigneur. (a)

Pour consoler les Fideles de Graville de la perte qu'ils avoient faite, l'Anonyme raconte, qu'une Dame riche & pieuse, de la Terre de Graville, ayant voulu transporter le tombeau, de la roche où il étoit, dans l'Eglise qu'on avoit élevée au Seigneur, sous le nom de Sainte Honorine, trouva dedans un os du col, avec du sang aussi vermeil que s'il avoit été nouvellement répandu : on le conserve à Graville. Mais, selon ces paroles, le cercueil (*sarcophagus*) ou le tombeau fait d'une pierre, n'auroit point été dans l'Eglise, & on n'ajoute point si la Dame vint à bout de le transférer. Cependant la tradition

(a) Ce n'est plus maintenant qu'un Prieuré simple, à la nomination de l'Abbé du Bec.

de Graville, est que Sainte Honorine fut enterrée dans l'Eglise de ce lieu, où l'on voit encore son tombeau, & que cette Eglise étoit auparavant sous l'invocation de Saint Estienne; ce qui suppose qu'on ne bâtit pas exprès une chapelle pour couvrir le sépulcre. Mais les paroles de l'Anonyme ne disent point positivement que cette roche ne fût pas enfermée dans une Eglise, & l'on peut supposer que cette Eglise étoit bâtie sur une éminence, ce qui revient au même. Mais cet édifice étant tombé de vétusté, ou autrement, par la suite des âges, on en construisit un autre en la place du premier, sous le nom de Sainte Honorine, & ce sera là que la pieuse Dame aura voulu transférer le sépulcre.

Au commencement du treiziéme siécle, on appella à Graville des Chanoines du Prieuré de Sainte Barbe-en-Auge, fondé l'an 1128, & Guillaume Mallet, Sire de ce lieu, leur donna des biens pour desservir l'Eglise. C'est ce qu'on appelle maintenant le Prieuré claustral de Sainte Honorine de Graville, dépendant de celui de Sainte Barbe-en-

Auge ; & on distingue l'Eglise Priorale qui contient le tombeau de Sainte Honorine, & où l'on voit de très-beaux tableaux de son histoire (inconnue); (a) & l'Eglise Paroissiale, qui n'est autre chose que la nef de ce bâtiment, que vraisemblablement on construisit alors, & qui doit être le troisiéme. La tradition de Graville porte que la Paroisse de ce lieu s'appelloit autrefois Notre-Dame de la Bruyere ; desorte que ce Temple devoit être différent de celui de Saint Estienne. Il n'y a plus maintenant qu'une seule Eglise fort ancienne, du nom de Sainte Honorine, dont le Prieur est aussi Curé.

Hospice des Neiges.

Le petit village des Neiges où les Capucins du Hâvre ont un hospice, est de la Paroisse de Leure dont il porte aussi le nom. C'étoit sans doute autrefois un cimetiere public, du moins pour les personnes riches, puisqu'on y a découvert un si grand nombre de tombes,

(a) On n'a point d'autre monument de sa mémoire, que l'histoire de la translation écrite au douziéme siécle.

dont l'une est du commencement du quatorziéme siécle. Car si ce n'avoit été que la sépulture des Seigneurs de ce Fief, qu'on appelloit la Quênée, ces tombeaux auroient été sans doute moins nombreux & plus rassemblés. Quoiqu'il en soit, on y trouve de fameux restes d'anciennes fortifications que les curieux considerent avec plaisir. Outre les vestiges qu'on remarque dans tout le circuit à rez-de-chaussée, on voit du côté de la mer une longue muraille, avec plusieurs tours qui ont encore plus de six à sept pieds de haut, sur cinq à six d'épaisseur. Ces ouvrages sont, comme tous ceux des anciens, d'un mastic indestructible. Ces forts ou châteaux ont été bâtis, sans doute, pour défendre ce rivage contre les courses des Danois, ou dans le tems des guerres du 15e. siécle, où les Anglois s'emparerent de la Province de Normandie. On ne peut douter que les François n'eussent élevé les premiers des fortifications sur le passage d'Harfleur pour en écarter les flottes ennemies; & l'on peut croire que les Anglois, quand ils eurent la possession de cette ville, augmenterent les fortifications qui pouvoient couvrir cette importante frontiere. Au-dessous du petit Leure, vis-à-vis le Prieuré de Graville, est un ancien château de guerre qui servoit aussi sans doute à protéger le canal de la Seine : on y a découvert autrefois des arganaux pour retenir les navires qui s'arrêtoient dans ce passage, lorsque la mer saisissoit de bien près la côte de Graville. Ce château étoit fort peu de chose, mais celui dont on voit les restes au-dessus de Graville, dans un terrein bien uni, devoit être beaucoup plus considérable. C'est le château de Frileuse dont on fait bien des contes au Havre. Il se peut faire, comme on le dit, que les Anglois voyant qu'ils alloient être chassés de la ville d'Harfleur, enseveliront beaucoup d'effets précieux dans les souterrains du château Frileuse, & y cacherent les richesses qu'ils ne pouvoient emporter. Car il est bien certain que ces Insulaires espéroient revenir dans cette place, ainsi que dans plusieurs autres de la Province ; & l'on prétend qu'ils conservent encore dans les familles des indications pour les endroits où ils ont enfoui une partie de leurs trésors. Toute

Toute la Normandie est pleine de châteaux ruinés, qui sont un témoignage perpétuel des guerres domestiques de ce Royaume. A demi-lieue de Montivilliers ou environ, dans une plaine, on trouve un de ces châteaux, très-bien conservé, & aussi complet que s'il venoit d'être bâti. Les murailles en sont très-élevées, les tours très-belles, & la porte d'entrée majestueuse & magnifique. Il y a si long-tems que je n'ai vû ce célebre monument, que je ne puis pas dire ici si l'architecture de cette porte est Arabesque ou réguliere, mais j'en ai retenu une grande idée ; & s'il est vrai, comme je le crois, que ce château soit au-dessus d'Harfleur, isolé sur les bords de la Lézarde, on ne peut douter qu'il ne fût destiné à écarter l'ennemi des environs de cette place. Quand je fus considérer cet ancien château, on me dit qu'il étoit alors un grenier à bled, & qu'aucun particulier n'en avoit la jouissance.

Le Hoc.

Le Hoc est une petite colline à la pointe d'une langue de terre qui s'avance dans la riviere au-dessous de Harfleur.

C'est-là que la Lézarde entre dans la Seine. Cette ancienne habitation, où l'on a élevé un vaste magasin à la place de quelques cabanes, est devenu le Lazaret, c'est-à-dire, le lieu où les vaisseaux qui arriveroient au Havre, soupçonnés de contagion, déchargeroient leurs marchandises, & feroient la quarantaine. On y a même bâti une chapelle de pierres de taille, d'un assez bon goût. Mais tout cela ne peut servir de rien, tant qu'il n'y aura pas d'eau dans la crique, & que les vaisseaux y seront exposés à tous les vents. On y voyoit autrefois un quai de pierres de taille, où l'on avoit attaché de distance en distance de gros anneaux de fer pour retenir les vaisseaux : mais il est aujourd'hui bien avant sous le sable, desorte qu'on est obligé d'envoyer à la Hogue les vaisseaux soupçonnés de mauvais air : c'est-à-dire, que la grande dépense qu'on a faite au Hoc, sera toujours inutile, tant qu'on ne creusera pas la crique, & qu'on ne la couvrira pas de quelque mur contre les vents & les orages. La mer en s'éloignant d'Harfleur, a quitté cette fosse, qui n'est plus qu'une plage ;

& ce mouillage autrefois si excellent, est maintenant gâté par les sables mouvans que charie la riviere, desorte qu'après le malheur du vaisseau le Rouen, qu'on a vû périr auprès de cette retraite, il n'y a plus de sûreté dans ce passage.

Harfleur.

Cette ville si célebre est de la plus haute antiquité, & on ne trouve nulle part des connoissances ou même des conjectures sur son origine. J'ai souvent cherché à y découvrir quelque monument semblable à ceux qu'on trouve dans plusieurs villes des Gaules, & je n'ai rien trouvé de mémorable que cette chaussée pavée de pierres & bordée d'arbres des deux côtés, qui conduit l'espace de plus de quatre lieues de Harfleur à Lillebonne. On l'appelle la chaussée de César, & il est certain qu'une communication de cette dépense, ne pouvoit être faite que pour deux villes également célebres. Il ne paroît point qu'il y ait eû de château fort à la ville de Harfleur: du reste elle étoit suffisamment défendue, puisqu'elle avoit des fortifications très-régulieres, & qu'elle étoit environnée de plusieurs châteaux de guerre, comme ceux du petit Leure, celui de l'Orcher, celui de Graville, celui de Frileuſe, &c. Mais je ne ſçai ſi la proximité de tous ces châteaux n'étoit pas plus nuiſible à Harfleur, que profitable.

Cette ville a ſoutenu pluſieurs ſiéges mémorables. Henri V. Roi d'Angleterre aſſiégea Harfleur l'an 1415, & il ne la prit qu'après une vigoureuſe réſiſtance. Il en fit ſortir 8000 perſonnes le bâton blanc à la main, & la repeupla entierement d'Anglois. L'an 1433, les Habitans du pays de Caux la reprirent d'aſſaut ſur ceux-ci, & l'an 1440 les Anglois la raſſiégerent : elle leur réſiſta durant quatre mois avant que de capituler ; & enfin le Roi Charles VII. la reprit l'an 1450. On y a entretenu pendant pluſieurs ſiécles des galeres qui ont toujours fait l'honneur des combats où elles ſe ſont trouvées. Il y avoit dans ce port deux grands baſſins pour les vaiſſeaux, vingt belles tours, outre les portes, les baſtions, & le foſſé qui paſſoit pour être un des plus beaux qu'on eût en France. L'Egliſe paroiſſiale ſous le nom de S. Martin, eſt d'un gothique très-délicat, mais elle n'eſt pas achevée,

& ne le sera jamais. La tour soutient une fléche de pierres très-haute & très-bien proportionnée, qui se présente sur la mer avec beaucoup de graces, & qui semble suivre les vaisseaux qui navigent dans ce canal. Mais cette ville est entourée de montagnes qui la commandent, dans un détroit couvert par ces montagnes, & trop éloignée pour qu'elle puisse préserver la côte de la descente des ennemis. Ce qui a ruiné cette place, est la retraite de la mer qui s'en est écartée peu à peu jusqu'à la distance d'une grande lieue.

Les chartes de Harfleur ayant été pillées & brûlées par les Anglois, Charles IX. à la priere des Habitans, en octroya de nouvelles en 1568, qui confirmoient tous les priviléges, & donnoient le franc salé, avec l'exemption des gabelles; tous les Rois suivans, & même Louis XIV. confirmerent ces graces; ensorte qu'il y a grenier à sel de franchise, mairie, & justice royale. Mais en 1710 la ville fut imposée à la taille, ce qui en fit sortir plus de cent familles. Elle n'a pû se relever de ce dernier désastre qui a achevé de tout perdre.

Son port est maintenant une prairie (*a*), & on en distingue encore parfaitement l'enceinte dont tous les fondemens subsistent ; ensorte que cette ville qui fut autrefois l'arsenal de la marine & la clef de ce royaume, que les Seigneurs & les Dames d'Angleterre venoient voir par curiosité, & qui vit tant de fois les vaisseaux de cette isle s'arranger devant ses tours pour les battre, n'a plus de splendeur que dans l'histoire, & ne présente plus à l'œil étonné qui la cherche, qu'un port comblé où paissent les troupeaux, des maisons chancelantes & presque abandonnées, des murs foudroyés & des ruines immenses.

Honfleur.

La ville d'Honfleur qu'on apperçoit du Havre, est située en haute Normandie, entre la côte Vassal & la côte de Grace, à 49 dégrés 27 minutes de latitude septentrionale. La forme de cette place qui est du domaine de Monseigneur le Duc d'Orléans, est irréguliere. Son antiquité

(*a*) La Lésarde qui traverse cette prairie, conduit encore des bateaux jusqu'au milieu de la ville.

se perd dans un éloignement inconnu, & l'on prétend qu'elle est du tems de Jules-César, dans les commentaires duquel cependant elle n'est pas nommée. Elle étoit alors une frontiere comme la ville d'Harfleur, vis-à-vis de laquelle elle est située, & l'on peut dire qu'elle étoit son émule, étant obligée comme elle à garder le passage de la Seine dont elle occupe la rive gauche. Elle étoit bien fermée & fortifiée, ainsi qu'il paroît par les vestiges. Elle avoit deux portes, dont celle de Rouen avoit deux bastions, & celle de Caën n'en avoit qu'un. La premiere fut démolie environ l'an 1684 pour augmenter le bassin, & pour faire dans les fossés de la ville une retenue des eaux de la mer; ensorte qu'il ne reste à cette ville du côté du port, que la porte de Caën avec son bastion, & deux tours; l'une ronde, & l'autre quarrée; & qu'elle n'est fermée que par des barrieres du côté des fauxbourgs; car du côté de la Seine la ville est fermée par une muraille que battent les flots vis-à-vis du gouvernement, & encore plus loin. On serre les poudres dans la tour ronde, & entre celle-ci & la tour quarrée, est le gouvernement le long de la riviere, avec trois magasins que le Roi fit construire en 1672 pour les sels qu'on y dépose. Le logement du Lieutenant de Roi est sur la porte.

Le port partage l'ancienne ville & la nouvelle qui ne fait corps avec la premiere que par le moyen du pont qui communique aux deux parties. Huit grandes rues aboutissent au bassin, & une partie de ces mêmes s'éleve sur le penchant d'une côte qui commande la ville. Les autres sont dans un terrein assez uni du côté de la mer qui bat les terrasses des maisons de la grande rue, & la muraille du château. Il y a cinq places ou carrefours à Honfleur, dont la place d'armes est la plus grande. Elle est devant le gouvernement & devant la maison de ville qui a une horloge. On arrive à cette place qui se termine au bassin, par le pont de communication étendu sur le port; mais cette place étoit sans doute remplie de maisons, lorsque les deux fauxbourgs n'étoient pas formés. La seconde place est celle de la grande fontaine qui donne sur le port, & où l'on débite le poisson & les légumes. Il y a
aussi

aussi plusieurs fontaines à quatre jets, dont la plus belle est sur la place du port.

Les quatre paroisses, de Notre-Dame, de Saint Etienne, de Sainte Catherine, & de Saint Léonard, sont desservies par deux Curés, & chacune a sa fabrique. Les deux premieres sont dans la ville & beaucoup plus anciennes que les deux autres. Il y a de plus un Couvent de Capucins, un de Religieuses de la Congrégation de Notre-Dame, & un de Religieuses Hospitalieres qui servent les pauvres & les malades de l'Hôpital, auquel fut réuni l'Hôtel-Dieu en 1687. Les Capucins ont une chapelle de grande dévotion sur la côte de Grace, d'où l'on a sur la mer & les côtes opposées une vuë magnifique.

Honfleur avoit autrefois de beaux priviléges, aujourd'hui le tarif lui tient lieu de taille, mais on lui a redonné le franc salé qu'il avoit perdu. Le corps-de-ville est composé d'un Maire, de quatre Echevins, & de quatre Conseillers qui sont nommés par le Duc d'Orléans; ils n'ont aucune Jurisdiction contentieuse, pas même la Police qui appartient au

D d

Vicomte. Les Bourgeois sont sujets au guet & à la garde des côtes sous le commandement du Gouverneur & du Lieutenant de Roi. Il y a deux Jurisdictions de Vicomté, l'une d'Auge, l'autre de Roncheville, réunies ensemble en l'année 1720; elles appartiennent au Duc d'Orléans, mais elles dépendent du Parlement de la Province. Il y a de plus Amirauté, Grenier à sel, & Traites foraines. M. le Duc d'Orléans nomme aux charges de l'Etat major, & ce gouvernement qui étoit autrefois considérable, comprend aussi Pont-l'Evêque, & le pays d'Auge.

La marée monte à huit ou dix pieds ordinairement dans le bassin qui a des portes, & qui peut contenir trente moyens vaisseaux. Il y a plusieurs écluses pour le nettoyer par le moyen de la retenuë où tombe la petite riviere appellée Morelle. De plus il est facile d'aborder en ce port; on y entre & on en sort des mêmes vents, & l'on mouille devant la ville, mais il faut craindre le changement des bancs de sable. Le bassin est précédé par un avant-port où les vaisseaux attendent la marée. Ce passage qui avoit été beaucoup endommagé par les vases qui s'y étoient accumulées, est nettoyé maintenant, & l'on va reprendre à l'extrêmité de la ville les travaux du Havre neuf, qui étant achevé, rendra le port d'Honfleur, auquel il sera joint, beaucoup plus spacieux & plus commode. Je ne vois pas en quoi consistoit ce port, avant qu'on eût fait construire le bassin; mais il faut dire, comme je l'ai marqué, qu'il fut seulement agrandi aux dépens de l'ancienne ville, dont la muraille entoure le bassin du côté des fauxbourgs, & soutient des maisons extrêmement gothiques que l'on doit abattre. Quand cela sera fait, & qu'on aura prolongé la jettée, l'aspect du port d'Honfleur deviendra plus agréable, & son commerce toujours plus fameux.

Ses Habitans ont acquis beaucoup de réputation dans leurs voyages de long cours, depuis la découverte des Indes. C'est de ce lieu qu'étoit parti Chinot Paulmier, gentilhomme des environs, qui a fait le premier en 1503 la découverte des terres australes. Charles VII. reprit Honfleur en 1450, après un siége de deux semaines, & l'on fit dans ce port en 1545 une partie de l'armement qui fut achevé au Havre de Grace; de manière que cette ville s'est mieux conservée que celle d'Harfleur, & après plus de dix-huit cens ans de durée, tient encore un Havre accessible aux vaisseaux, & produit à l'Etat des sommes considérables.

FIN.

ERRATA.

Pag. 1 de la Préface, lig. 7, agéable, *lisez* agréable.

Pag. 89, lig. 26, *lisez*, convient de plus avec Beaucaire, que le Connétable ne vint au camp, &c.

Pag. 100, lig. derniere de la Note, *adamentinæ*, *lisez adamantinæ*.

Pag. 110, lig. 21, ils conspirerent de nouveau, *ajoutez* & convinrent.

Pag. 111, lig. 26, de Ressent, *lisez* de Rassent.

Pag. 151, lig. 16, l'affligeoit, *ajoutez* sensiblement.

www.ingramcontent.com/pod-product-compliance
Lightning Source LLC
Chambersburg PA
CBHW050754170426
43202CB00013B/2422